젊은 지성을 위한 **맹자**

꼭 사서 읽어야 할 아름다운 클래식 5900

젊은 지성을 위한

맹자

孟子

맹자 원저 | 황광욱 지음

두리미디어

하루를 살아도
사람으로 살아라

맹자의 삶과 가르침

맹자 하면 맹자 어머니가 맹자의 교육을 위해 이사를 자주 다녔다는 '맹모삼천孟母三遷'의 이야기가 제일 먼저 떠오를 것입니다. 공동묘지 근처에서 살았더니 맹자가 매일 장례를 지내며 곡하는 놀이를 하기에 시장으로 이사를 합니다. 그랬더니 이번에는 장사하는 놀이에 빠져 지내기에 서당 옆으로 이사했더니 공부를 했다는 것이 맹모삼천의 고사입니다.

우리나라에도 자식 공부를 위해 노력을 아끼지 않은 어머니에 대한 이야기가 있습니다. 바로 선비 한석봉입니다. 한석봉이 공부를 다 마치지 않고 집에 돌아오자, 불을 꺼놓고 어머니는 떡을 썰고 한석봉은 글씨를 쓰게 했습니다. 한석봉이 쓴 글씨는 엉망이었지만 어머니가 썬 떡은 크기와 모양이 가지런했습니다. 그 후로 한석봉은 열심히 공부하여 글씨의 대가가 되었다는 이야기입니다. 맹자의 어머니도 맹자가 중도에 공부를 포기하고 돌아오자 공들여 짜던 천을 과감하게 끊어 버렸다고 합니다. 맹자의 어머니가 옷감을 끊어버렸다고 해서 '맹모단기孟母斷機'라는 말이 생겼습니다. 맹모삼천과 맹모단기 이야기가 진짜인지 꾸며낸 이야기인지는 확실하지 않지만, 맹자가 어려서부터 공부를 열심히 한 것은 틀림없는 듯합니다. 그래서인지 맹자 하면 공부를 열심히, 그리고 많이 한 사람으로 알려져 왔습니다.

너는 너에게 떳떳한가

맹자는 어머니와 관련된 고사들로 인해 공부를 열심히 한 사람으로 유명하지만,《맹자》에 나타난 그의 모습은 목에 칼이 들어와도 눈하나 깜빡이지 않는 대장부라는 인상이 더 어울립니다. 맹자가 살던 시절의 군주는 백성의 목숨을 쥐락펴락하는 절대 권력을 갖고 있었습니다. 그런 군주에게 맹자는 "임금이 가장 가볍고, 사직이 그 다음이며, 백성이 가장 무겁다."라고 대놓고 이야기합니다.

여기서 한 걸음 더 나가, "신하인 탕이 걸왕을 내쫓고, 작은 나라의 무왕이 큰 나라의 주왕을 정벌한 것은 신하가 군주를 시해한 것이다. 이는 잘못된 것이 아닌가?"라는 질문에, 맹자는 "인과 의를 해치는 자는 군주를 막론하고 한 사내일 뿐이니 그런 사내를 벌하는 것은 옳은 일이다."라고 거침없이 대답합니다.

왕과 맹자가 대화하고 있는 상황을 상상해 보면, 군주는 움찔하고 있고 맹자는 어깨를 쫙 펴고 떳떳하게 앉아 있는 모습이 떠오릅니다. 그렇습니다. 바로 그 '떳떳함'이 맹자가 살고자 한 삶입니다.

가난한 사람은 비굴해지기 쉽고 부자인 사람은 거만해지기 쉽습니다. 높은 사람은 잘난 체하기 쉬울 것이고 낮은 사람은 주눅 들기 쉬울 것입니다. 또 성적이 좋은 친구는 잘난 체하기 쉽고, 반대로 성적이 좋지 못한 친구는 시무룩해지기 쉽습니다. 그런데 가난과 부유, 높고 낮음의 지위, 성적의 좋고 나쁨은 사람들이 만든 것이지 하늘이 만든 것이 아닙니다. 하늘은 가난한 사람과 부유한 사람, 높은 사람과 낮은 사람, 성적이 좋은 사람과 그렇지 못한 사람의 구분과 관계없이 모든 사람에게 사람다울 수 있는 가능성으로서의 선한 본성을 주었습니다.

인간에게 선한 본성이 있다는 것은 '차마 하지 못하는 마음'이 있기 때문입니다. 굶고 있는 사람을 보면 실제로 도와주지는 못할지라도, 차마 눈 뜨고 볼 수 없어서 도와주고 싶은 마음이 듭니다. 약한 사람을 여럿이서 괴롭히는 장면을 보면 약한 사람을 도와주지는 못할망정, 차마 눈 뜨고 볼 수 없어서 괴롭히는 사람이 미워지는 마음이 생깁니다. 이때 도와주고 싶은 마음, 미워지는 마음 등이 바로 '차마 하지 못하는 마음'입니다. 맹자는 우물에 기어들어가고 있는 어린아이를 보면 안타깝게 여기는 마음이 생기고, 그 안타깝게 여기는 마음이 어린아이를 붙들게 한다고 말합니다. 그런 마음이 바로 인仁, 사랑이고 의義, 옳음입니다. 인과 의를 실천하면 하늘을 우러러 떳떳할 수 있습니다. 떳떳함은 나를 남과 비교해서 생기는 것이 아닙니다. 나와 하늘,

나와 나 자신의 관계입니다. 자신 속에 있는 양심인과 의에 비추어 부끄럽지 않다면 떳떳한 것입니다. 부끄러워할 것은 가난과 낮은 지위, 성적이 좋지 않은 것이 아니라 가난하다고 해서 비굴해지거나, 돈이 많다고 해서 거만해지거나, 성적이 좋지 않다고 해서 주눅이 드는 것입니다. 그보다 더 부끄러워해야 할 것은 인과 의를 잃어버리는 것입니다.

부귀와 빈천은 사람다움의 기준이 될 수 없습니다. 돈을 삶의 목표로 삼는 사람은 돈이 많아진 순간 죽어도 좋을 것입니다. 그런데 죽을까요? 그렇지 않습니다. 분명 살려고 할 것입니다. 그렇다면 돈이 삶의 목표가 아닌 것이 확실해집니다. 그럼 무엇이 삶의 목표가 될 수 있을까요? 바로 사람답게 사는 것이 삶의 목표라고 맹자는 말합니다. 사람은 사람으로서의 삶이 있습니다. 짐승으로 천년을 사는 것보다 하루를 살아도 사람으로 사는 것이 사람다운 삶이라고 맹자는 강조합니다.

맛있는 음식, 좋은 옷, 좋은 집, 즐거운 놀이 등은 우리 삶을 물질적으로 풍요롭게 합니다. 하지만 그런 것들이 결코 사람다움의 기준이 될 수는 없습니다. 만일 사람다움의 기준이 그러하다면 돈이 많을수록 사람다운 사람이 되는 것이겠지요. 사람다움의 기준은 자신 밖에 있는 것이 아니라 자신의 마음속에 있습니다. 마음은 바로 양심을 말합니다. 사람이 동물이 아니고 사람인 이유는 바로 양심에 있습니다. 양심을 지키고 양심에 따라 행동할 때 우리는 사람다워지는 것입니다. 스스로가 스스로에게 사람다워질 때 부자 앞에서도, 권력자 앞에서도, 혹은 폭군 앞에서도 꿈쩍하지 않는 '떳떳함'이 나옵니다.

"너는 너에게 떳떳한가?"

맹자가 우리에게 묻고 있습니다.

사람이 살 만한 세상을 위해

우리는 공자를 성인으로 받들면서 세계 3대 스승이라고 부릅니다. 그리고 맹자는 공자의 학문을 연구하고 계승하여 성인에 버금간다고 하여 '버금 아亞' 자를 써서 '아성亞聖'이라고 부릅니다. 아성으로 불리는 맹자이지만 언제 태어나서 언제 죽었는지 정확하게 알려지지는 않았습니다. 여러 가지 역사 기록을 통해 맹자의 일생에 대해 알 수 있는 것은, 공자에 의해 정립된 유학이라는 학문을 공부하였고, 여러 나라를 떠돌면서 자신의 이상을 실현하려 했으나 뜻을 이루지 못했으며, 말년에 고향으로 돌아와 연구와 저술에 전념했다는 정도입니다.

맹자가 살던 시대를 전국시대戰國時代라고 부릅니다. 전국시대는 지금의 중국 땅이 여러 나라로 나뉘어 끊임없이 전쟁을 치르던 시대입니다. 여러 나라 가운데 진, 초, 연, 제, 한, 위, 조 일곱 나라가 힘을 겨루었는데, 이 일곱 나라를 전국 7웅이라고 부릅니다. 각 나라들은 살아남기 위해, 혹은 나라를 키우기 위해, 더 나아가서는 천하를 제패하기 위해 나라에 도움이 되는 다양한 지식과 기술이 필요했습니다. 그래서 지식과 학문에만 전념하는 새로운 계층이 생겼는데, 그것이 바로 선비지식인 계층입니다. 선비 계층은 자신의 지식과 사상을 인정해 주는 군주를 찾아 떠돌아다녔으며, 군주는 자신의 나라를 부유하고 강하게 만들어 줄 선비를 초청하거나, 군주가 초청하지 않아도 찾아오는 선비를 대우해 주기도 했습니다. 맹자 또한 그런 선비들 가운데 한 명이었습니다.

그런데 맹자는 다른 선비들과 다른 점이 있습니다. 다른 선비들은 군주를 도와 부국강병을 이루어 천하를 지배하는 데에 뜻이 있었지만, 맹자는 군주를 도와 도덕 사회를 이루는 데에 뜻이 있었습니다. 부국강병을 추구한 학파로는 법가, 병가, 종횡가 등이 있었고, 개인주의 혹은 자연주의적 경향을 지닌 농가나 양주 같은 학파도 있었습니다. 맹자가 볼 때 법가, 병가, 종횡가는 약육강식의 원리를 인간 사회에 적용시키는 야만이고, 농가나 양주는 인간의 사회성과 문화를 부정하는 반문명적 사상입니다.

맹자는 야만이나 반문명을 따르는 것이 아니라, 사람을 사랑으로 대하는, 사람이 살 만한 세상을 만들고자 했습니다.

공자를 스승으로 여기다

맹자는 공자가 죽은 지 100여 년 뒤에 공자의 고국인 노나라 근처의 추鄒라는 땅에서 태어났습니다. 맹자의 성은 맹孟이고, 이름은 가軻입니다. 그런데 우리는 맹가라고 하지 않고 맹자라고 부릅니다. 성 뒤에 자子를 붙이는 것은 존칭입니다. '자'라는 존칭은 큰 스승, 위대한 스승에게 붙이는 존칭어입니다. 그러니 맹자라고 하면 '위대한 맹 선생' 정도 되는 것입니다. 맹자가 기원전 372년부터 289년까지 혹은 기원전 385년부터 304년까지 살았다는 주장들이 있지만 정확하지는 않습니다. 다만 대략 80세 정도를 산 것은 확실합니다. 지금으로 치면 100세 이상 장수한 셈입니다.

맹자의 어린 시절은 알려져 있지 않지만, 맹모삼천이나 맹모단기의 고사를 보면 가난한 어린 시절을 보낸 것으로 보입니다. 또 《맹자》에 '아버지의 상을 치를 때는 선비의 예를 갖추었고, 어머니의 상을 치를 때는 선비보다 높은 계급인 대부大夫의 예를 갖추었다.'라는 이야기가 있는 것으로 보아도 출신이 그렇게 높은 것 같지 않아 보입니다.

공자가 죽은 후 그의 제자들은 여러 나라로 흩어졌습니다. 그 가운데 공자의 고국인 노나라에 그대로 남아 있던 제자는 증자였습니다. 앞서 말한 바와 같이 노나라는 맹자가 태어난 추나라 옆에 있습니다. 노나라에서 공자의 학문을 계승한 증자는 효행이 뛰어났으며, 《효경》이라는 책의 지은이로 알려져 있습니다. 증자의 직접 제자이면서 공자의 손자인 자사는 《중용》이라는 책의 저자입니다. 이렇게 '공자 → 증자 → 자사'로 이어지는 학통이 공자 사상을 정통으로 계승한 것이라고 간주합니다.

맹자가 공자의 손자인 자사에게서 직접 배웠다는 주장이 있지만, 자사와 맹자와의 시간적 거리가 먼 것으로 보아 믿을 만하지는 않습니다. 다만 맹자는 "나는 공자의 문도가 되지는 못했지만, 공자의 학통을 이어받은 여러 사람으로부터 공자를 사숙私淑했다."라고 밝히고 있고, 맹자가 살던 곳이 노나라 근처였다는 것을 생각하면 맹자가 '공자 → 증자 → 자사'로 이어지는 학통을 접했다는 사실은 설득력이 있습니다.

맹자는 공자를 사숙하며 학문에 전념하여 성선설, 민본주의, 혁명론, 천명론, 왕도정치론 등 자신의 사상을 다듬어 나갔습니다. 그러고는 자신의 이상과 사상을 실현하기 위해 여러 나라를 돌아다니며 군주들을 만났습니다.

맹자가 자신의 뜻을 펼치기 위해 제일 먼저 간 곳은 위나라였습니다. 맹자는 위나라의 혜왕에게 열심히 왕도정치를 설명했으나, 혜왕이 죽고 뒤를 이은 양왕이 홀대하자 군주의 자격이 없다고 여기고 위나라를 떠납니다.

위나라를 떠난 맹자는 제나라로 갑니다. 선비들을 우대해 주던 제나라의 선왕은, 수도인 임치臨淄 근방의 직문이라는 곳에 큰 집을 지어 놓고 선비들을 머물게 하였습니다. 이곳을 '직문학사'라고 하는데 맹자 또한 이곳에서 오랜 기간 머뭅니다. 맹자는 선비를 대우하는 선왕이 왕도정치를 실현할 수 있을 것이라고 여겼는지 제나라에 오래 머물면서 선왕에게 많은 이야기를 해줍니다. 그런데 제나라가 이웃 나라인 연나라를 침략하자 제나라를 떠납니다. 맹자는 제나라를 떠나면서도 선왕이 자신을 다시 불러주기를 원했지만 뜻대로 되지 않았던 것 같습니다.

이후 송나라에서 강왕, 추나라에서 목공, 설나라, 임나라, 등나라에서 문공, 노나라에서 평공 등을 만나며 떠돌았습니다. 그러나 끝내 자신의 뜻을 펼치지 못하고 일흔이 넘은 만년의 나이에 고향으로 돌아와 학문과 교육에 전념하며 《맹자》를 편찬하고 80세 전후의 나이에 세상을 떠났습니다.

맹자의 일생을 보면 권력을 얻지도 부자가 되지도 못했습니다. 그러나 군주 앞에서도 떳떳했던 것은 분명합니다. 맹자가 추구한 것이 권력이나 돈이 아니었기에, 맹자는 사람다운 삶을 살 수 있었습니다.

《맹자》는 어떤 책인가

맹자의 사상이 모두 담긴 《맹자》에는 성선설, 왕도정치론, 민본주의, 대장부론, 혁명론 등 여러 가지 주장이 있습니다. 그런데 맹자가 살던 시대와 지금의 시대는 다릅니다. 지금은 정치적인 면에서 국민에 의해 권력이 만들어지는 민주주의, 경제적인 면에서는 개인 경제에 기초한 자본주의입니다. 그런데 맹자가 살던 시대는 권력이 군주에게 있던 군주제였고, 경제적으로는 백성이 군주에게 속박되어 있던 봉건제였습니다. 맹자의 사상은 맹자가 살던 당시의 문제를 해결하기 위해 노력한 결과입니다. 따라서 맹자의 사상이 오늘날 그대로 받아들여질 수는 없습니다.

예를 들어, 백성이 권력의 근본이라는 민본주의는 맹자 당시에는 매우 급진적인 주장이었지만 지금은 당연한 이야기입니다. 또 맹자가 권력의 근원을 백성으로 본 것은 백성이 권력의 주체가 된다는 의미가 아니라, 백성이 군주의 정치적 시혜 대상이라는 의미입니다. 백성이 정치의 주체가 아니라 정치의 시혜 대상일 뿐이라는 주장은, 지금 시점에서 보면 반민주적인 요소가 있다고 할 수 있습니다. 그런데도 민본주의는 여전히 중요한 의미가 있습니다. 왜냐하면 아직도 국민에게서 위임받은 권력을, 국민이 아니라 자신의 이익을 위해 사용하고 있는 정치인들이 많기 때문입니다. 국민에 의한, 국민을 위한 정치를 표방하는 민주주의 시대에도 권력을 국민으로부터 위임받았다는 것을 잊고 국민 위에 군림하려는 정치인이 많이 있습니다. 국민을 저버리는 정치인은 지도자가 아니라 '도둑놈'이라고 질타할 수 있는 이론적 근거가 바로 민본주의입니다. 민본주의가 시대에 꼭 들어맞는 것은 아니지만 현대적 의미가 있는 것처럼 혁명론, 왕도정치론 등도 시대적 한계와 현대적 의미가 동시에 있다고 하겠습니다. 그런데 그러한 시대적 한계를 뛰어넘는 주장이 있습니다. 바로 성선설과 대장부론입니다.

너는 소중하고 위대하다

성선설性善說은 사람에 대한 강한 믿음에서 출발합니다. 사람은 선할 수밖에 없다는 것, 악이라는 것은 착한 본성을 잠시 잊고 있는 상태일 뿐이라는 것, 남의 재물을 빼앗는 산적도 우물로 기어가고 있는 어린아이를 보면 구하려 한다는 것, 산적에게조차 있는 그 마음이 바로 사람이 사람다울 수 있는 뿌리라는 것, 그것이 바로 성선설입니다.

성선설에서 말하고 있는 본성은 먹고, 쉬고, 자야 한다는 동물적 본능이 아니라 사람의 본성입니다. 곧 사람다움은 동물적 본능에 있는 것이 아니라 인간적 본성에 있습니다. 인간적 본성은 도덕적 본성이고, 그 내용이 바로 측은·수오·사양·시비의 사단四端과 인·의·예·지의 사덕四德입니다. 사단과 사덕이야말로 자연自然과 구분되는 인문人文입니다. 사람은 자연의 제약 속에서 살아갈 수밖에 없지만, 그렇다고 해서 자연적 삶이 사람다운 삶이 되는 것은 아닙니다. 자연적 삶 속에서도 사람다움이라는 인문적 삶을 지향하는 것이 인간입니다. 인문적 삶은 물질적 풍요와 막강한 권력에 있는 것이 아니라 내면의 본성에 있습니다. 그것이 본성이기에 인문적 삶은 군주, 선비, 백성 등 신분과 성별을 막론하고 모두에게 있습니다.

그렇지만 유학은 기본적으로 지도자의 학문입니다. 지도자라는 것은 위에서 아랫사람을 부리는 사람이 아니라, 아랫사람이 사람다운 삶을 살 수 있도록 도와주고 북돋아 주고 여건을 마련해 주는 사람을 말합니다. 지도자의 위치에 있는 사람이 '차마 하지 못하는 마음'으로 아랫사람을 대하면, 아랫사람들도 '차마 하지 못하는 마음'으로 지도자를 대합니다. 지도자의 위치에 있는 사람이 자신의 이익을 위해 아랫사람을 부리면, 아랫사람들도 자신의 이익을 위해 지도자를 대합니다. 지도자 한 사람의 마음씀이 아래에 있는 많은 사람들의 마음을 움직입니다. 그래서 지도자의 자리는 중요합니다. 지도자는 어떤 상황에서나 이익이 아니라 옳음의義을 기준으로 행동하는 사람이어야 합니다. 반대로 말하면 옳음을 실천하는 사람이 지도자가 되어야 합니다. 자신의 목숨을 버려서라도 옳지 못한 일에 대항할 수 있어야 지도자인 것입니다. 목숨보다 옳음을 중시하는 사람이 바로 대장부이며, 그 대장부가 될 가능성이 바로 내 안에 있습니다. 그래서 《맹자》는 '너는 소중하고 위대하다.'라고 말하고 있습니다.

내가 소중하고 위대한 까닭을 《맹자》에서 찾아봅시다.

《맹자》, 경전의 지위를 얻다

사마천이 지은 《사기》라는 역사책에는 '맹자가 고향으로 돌아와 제자인 만장 등과 함께 《시경》, 《서경》 등을 편집하여 공자의 사상을 계승하였고, 《맹자》 7편을 지었다.'라고 되어 있습니다. 그 후로 《맹자》를 맹자가 직접 지었다고 하는 것이 정설로 받아들여집니다. 그러다가 당나라 이후에 《맹자》는 맹자가 직접 쓴 것이 아니라 제자들이 스승의 말을 기억해서 쓴 것이라는 주장이 나오게 됩니다. 그런데 송나라의 주희가 '《맹자》 전 편을 잘 읽어 보면 필치가 한 사람 손에서 나온 것처럼 느껴진다. 여러 사람이 썼다는 것은 있을 수 없다.'라고 하여 다시 맹자가 직접 집필한 것이라고 주장합니다.

《맹자》를 맹자가 직접 썼는지, 제자들의 작품인지는 명확하지 않습니다. 하지만 오랜 세월동안 많은 사람들에게 읽히면서 공자의 사상을 계승하고 있으며, 풍부한 사상을 담고 있는 책으로 여겨진 것만은 틀림없습니다. 유학을 공부하면서 《맹자》를 읽지 않는다는 것은 있을 수 없는 일입니다. 아니 유학을 공부하지 않더라도 《맹자》에는 인간다운 삶, 지도자의 자질, 굳센 기상 등 시간과 공간을 넘어 우리 삶의 지표가 되는 이야기가 많습니다.

《맹자》가 처음부터 많은 사람들의 관심을 받았던 것은 아닙니다. 유학을 탄압한 진나라 시기는 물론이고, 그 뒤로도 《맹자》는 널리 읽히지 않았습니다. 그러다가 한나라 문제文帝 때에 이르러 《논어》 등과 함께 정식 교과목이 되었지만, 얼마 후 무제 때에 오경박사 제도가 성행하면서 다시 일반 서적이 되었습니다. 이후 오랜 세월이 흘러 당나라 때의 한유에 의해 《맹자》가 재평가받기 시작했고, 송나라에 들어와 과거시험 과목으로 채택되었습니다. 또 주희에 의해 《논어》, 《대학》, 《중용》과 함께 사서四書의 하나로 채택되면서 경전의 지위를 얻었으며, 이후로 지금까지 필독서로 읽혀 오고 있습니다.

《맹자》는 〈양혜왕梁惠王〉, 〈공손추公孫丑〉, 〈등문공滕文公〉, 〈이루離婁〉, 〈만장萬章〉, 〈고자告子〉, 〈진심盡心〉 7편으로 되어 있습니다. 이것을 후한 말기의 조기趙岐라는 학자가 각 편을 상하로 나누어 14편으로 만든 뒤로 지금까지 그 편제대로 전해오고 있습니다. 〈양혜왕〉, 〈공손추〉, 〈등문공〉은 맹자가 천하를 돌아다니며 군주들을 만나서 주고받은 이야기와 일화로 꾸며져 있고 〈이루〉, 〈만장〉, 〈고자〉, 〈진심〉은 교육과 본성론 등 이론적인 내용이 많습니다.

〈양혜왕〉 편은 맹자가 천하를 유세하던 시간적 순서대로 서술되어 있습니다. 그래서 맹자와 각 나라 군주들과의 대화가 많습니다. 〈양혜왕〉 편을 제일 처음에 둔 것은 왕도정치를 실현하고자 했던 맹자의 이상을 반영한 것으로 볼 수 있습니다.

〈공손추〉 편은 제나라 출신의 제자인 공손추와 나눈 문답입니다. 맹자가 제나라에 있을 때의 말과 행동이 기록되어 있습니다. 〈등문공〉 편은 〈공손추〉 편과 마찬가지로 맹자가 천하를 유세할 때의 문답이 실려 있습니다.

〈만장〉 편은 제자인 만장과 나눈 대화로 되어 있는데, 주로 인과 의에 대한 내용을 역사적 근거를 통해 접근하고 있습니다. 〈고자〉 편은 당시의 사상가인 고자와 벌인 논쟁이 실려 있으며, 성선설에 대한 자세한 설명이 있습니다.

〈이루〉, 〈진심〉 편은 《논어》처럼 운문 형식의 짧은 문장이 많습니다. 후일에 제자들이 기억하여 기록한 것으로 보입니다.

이 책은 《맹자》를 순서대로 번역한 것이 아닙니다. 맹자가 지금을 살고 있는 우리들에게 말하고자 하는 것이 과연 무엇이었을까를 생각하며 재구성하고 해설한 책입니다. 따라서 《맹자》를 읽는다는 생각보다는 맹자와 대화한다는 마음으로, 《맹자》를 공부한다는 생각보다는 이해하려는 마음으로, 그리고 《맹자》가 무조건 옳다는 생각보다는 경우에 따라 비판도 할 수 있다는 마음으로 이 책을 보도록 합시다.

자, 그럼 《맹자》를 여행해 볼까요?

차 례

1부

삶을 버리고
의를 취하노라

01
인에 거하고
의에 따르라

인의는 나와 남의 공통성이다

《맹자》의 첫머리는 옳음(義)을 강조하는 것으로 시작합니다. 우리도 《맹자》의 의도에 따라 의를 이해하는 것으로부터 시작해 보도록 하겠습니다.

맹자가 살았던 혼란한 전국시대에는 천하를 통일하는 방법으로 부국강병 정책이나 외교술이 현실적이라고 받아들여졌습니다. 실제로 천하를 통일한 진시황제는 부국강병을 우선하는 법가의 사상과 정책을 통해 중국 최초의 중앙 집권적 제국을 이룰 수 있었습니다. 이렇듯 혼란한 시대일수록 정의보다는 이익, 명분보다는 실리가 더 설득력이 있다는 것을 맹자는 알았을 것입니다.

맹자는 언제 어떤 상황에서든지 판단하는 기준이 의가 되어야 한다고 주장했습니다. 현실을 잘 이해하지 못하고 원칙만 주장하는 사람 같기도 합니다. 맹자가 염려한 것은 상황이 어렵다고 해서 의가 아니라 이로움이 판단 기준으로 받아들여진다면, 더 어려운 상황에서는 남의 것을 빼앗는 것도 당연시된다는 점입니다. 배가 고프다고 하여 남의 빵을 훔쳐서는 안 됩니다. '배가 고파서 훔쳤으니까 괜찮아.'라고 한다면, 더 배가 고플 때는 남의 빵을 훔치는 것을 잘했다고 할 것이고, 더 나아가 배가 고프지 않은데도 남의 빵을 훔치거나 빼앗을 것입니다. 배가 고프다고 남의 빵을 빼앗아도 되는 것인지를 생각하면서 맹자의 말을 들어보도록 합시다.

양나라의 혜왕이 예를 갖추어 어진 사람을 널리 초청하자 맹자가 그곳으로 가서 왕을 뵈었다.

왕 : 선생께서 천리를 멀다 하지 않고 오셨습니다. 장차 내 나라를 이롭게 할 수 있겠습니까?

맹자 : 왕께서는 하필이면 이로움(利)을 말씀하십니까. 오직 인의仁義가 있을 뿐입니다. 왕께서 어떻게 하면 내 나라를 이롭게 할까를 생각하면, 대부들은 어떻게 하면 내 집안을 이롭게 할까를 생각할 것이고, 낮은 관리와 백성들은 어떻게 하면 내 몸을 이롭게 할까를 생각할 것입니다. 윗사람이든 아랫사람이든 모두가 서로 이로움을 취하려고 하면 나라가 위태로워질 것입니다. 만승 나라의 군주를 시해하려는 사람은 천승의 공경公卿 집안일 것이고, 천승 나라의 군주를 시해하는 사람은 백승의 대부

집안일 것입니다. 또한 만승에 천승을 더하고, 천승에 백승을 더하는 것도 적은 것은 아닙니다. 의義를 뒤에 두고 이로움을 우선한다면 남의 것을 빼앗지 않고서는 만족하지 못할 것입니다.

어질면서 자신의 어버이를 버리는 사람은 없으며, 의로우면서 군주를 뒷전에 두는 사람은 없는 법입니다. 왕께서는 인의만을 말씀하셔야 하는데 하필이면 이로움을 말씀하십니까.

未有仁而遺其親者也, 未有義而後其君者也, 亦曰仁義而已矣, 何必曰利.
미 유 인 이 유 기 친 자 야 미 유 의 이 후 기 군 자 야 역 왈 인 의 이 이 의 하 필 왈 리

〈양혜왕 상〉1

왕이 맹자에게 듣고자 한 것은 자신의 나라가 부유해지고 강해지는 방법이었습니다. 사실 양나라 혜왕은 맹자를 만나기 전에 법가나 종횡가의 사상가들을 만나, 나라를 부유하고 강하게 만드는 방법에 대해 그들의 주장을 들었습니다. 법가 사상가는 부국강병을 말했을 것이고, 종횡가의 사상가는 외교 정책을 건의했을 것입니다. 부국강병이나 외교술은 모두 이로움을 증진하는 방법들입니다. 그래서 혜왕은 맹자에게도 이로움을 증진하는 정책을 물은 것입니다. 그런데 맹자는 왕, 법가, 종횡가 등 모든 사람이 가치 기준으로 당연시하는 이로움을 증진할 수 있는 정책을 말하지 않고, 인의를 가치 기준으로 삼으라고 말합니다. 혜왕은 이로움을 증진시키는 정책을 듣고 싶었습니다. 그런데 그런 정책은 듣지도 못하고 이익만을 추구하는 소인배라는 질타를 받았으니, 왕은 불쾌했을 것입니다.

왕이 듣고자 하는 말만 하는 것은 아첨하는 것이고, 아첨하는 신하는 간신입니다. 진정한 신하는 목숨을 걸고서라도 왕의 잘못을 지적해 주는 사람입니다. 맹자는 그런 사람입니다. 그래서 왕에게 이로움을 버리고 의를 추구하라고 말할 수 있었던 것입니다.

맹자가 의를 강조했다고 해서 이로움 자체를 부정한 것은 아닙니다. 이로움이 없다면 인간은 생존할 수 없습니다. 이로움은 일종의 생존 욕구입니다. 그렇지만 선천적으로 모든 사람에게 주어진 덕목인 인의가 나와 남의 공통성을 기반으로 한다면, 이로움은 나와 남의 비교에서 나옵니다. 남보다 더 좋은, 더 많은, 더 큰, 더 강한 것이 이로움이기 때문이죠. 이로움이 삶의 필수 요소이기는 하지만, 이로움만을 추구하면 온 세상이 어지러워질 것은 분명합니다.

사람에게는 삶보다 더 중요한 것이 있다

맹자는 이로움을 삶의 욕구로 여겼으며, 누구나 삶의 욕구가 있다고 보았습니다. 그러나 사람에게는 삶보다 더 중요한 것이 있다고 했습니다. 죽음을 피하려는 것이 당연한 욕구이지만 죽음보다 더 강하게 피하려 하는 것도 있다고 봅니다. 삶과 죽음만 있다면 동물에 지나지 않습니다. 사람에게는 삶과 죽음보다 우선하는 가치가 있기 때문에 삶과 죽음이 아름다울 수 있습니다.

생선도 내가 원하는 것이고 곰 발바닥 또한 내가 원하는 것이지만, 두 가지를 함께 얻을 수 없다면 생선을 버리고 곰 발바닥을 취할 것이다. 삶도 내가 원하는 바이고 의 또한 내가 원하는 바이지만, 두 가지를 겸할 수 없다면 삶을 버리고 의를 취할 것이다.

삶 또한 내가 원하는 바이지만 원하는 바가 삶보다 간절한 것이 있다. 그래서 구차하게 삶을 얻으려고 하지 않는다. 죽음 또한 내가 싫어하는 바이지만 싫어하는 바가 죽음보다 심한 것이 있다. 그래서 환란을 피하지 않는 바가 있다.

만약 사람들이 원하는 바가 삶보다 간절한 것이 없다면 삶을 얻을 수 있는 모든 방법을 어찌 쓰지 않겠으며, 사람들이 싫어하는 바가 죽음보다 심한 것이 없다면 환란을 피할 수 있는 모든 방법을 어찌 쓰지 않겠는가. 그렇지만 살 수 있는데도 그 방법을 쓰지 않음이 있고, 환란을 피할 수 있는데도 피하지 않음이 있다.

그러므로 원하는 바가 삶보다 간절한 것이 있으며, 싫어하는 바가 죽음보다 심한 것이 있다. 오직 어진 사람만 이런 마음이 있는 것이 아니라 모든 사람들이 그것을 가지고 있다. 어진 사람은 그것을 잃지 않을 뿐이다.

한 그릇의 밥과 한 그릇의 국을 얻으면 살고 그렇지 않으면 죽는다. 그래도 꾸짖으면서 그것을 주면 길 가는 사람도 받지 않으며, 발로 차서 주면 걸인도 깨끗하게 여기지 않는다.

是故所欲有甚於生者, 所惡有甚於死者, 非獨賢者有是心也, 人皆有之, 賢
시고소욕유심어생자 소오유심어사자 비독현자유시심야 인개유지 현
者能勿喪耳.
자능물상이

<고자 상> 10

맛있는 것을 찾는 욕구는 누구에게나 있습니다. 그래서 누구나 좀
더 맛있는 것을 먹으려고 하는 것은 당연합니다. 두 가지 음식 중 하나
를 선택하라고 하면 당연히 더 맛있는 것을 택하겠죠. 그런데 삶과 의
중 하나를 선택하라고 하면 의보다는 삶을 선택하는 사람이 많을 것
입니다. 맹자는 그것이 틀렸다는 사실을 말하고자 한 것입니다. 그 까
닭은 다음과 같습니다. 가장 간절히 원하는 것이 삶이라면 살기 위한
어떤 수단과 방법도 용납될 것이고, 가장 피하고 싶은 것이 죽음이라
면 죽지 않기 위한 어떤 수단과 방법도 용납되어야 하기 때문입니다.

살기 위해 어떤 수단과 방법도 마다하지 않는 삶은, 삶 자체에만 목
적을 두는 것이지 어떻게 살 것인가는 저버리는 것과 같습니다. 삶 자
체를 목적으로 두는 것은 인간뿐 아니라 살아 있는 모든 것, 즉 동식물
도 마찬가지입니다. 인간이 생리 작용을 통해 생물적 삶을 살아가야
한다는 면에서는 동물성을 가지고 있음이 분명합니다. 하지만 동물과
는 구분되는 인간성이라는 것이 있습니다. 그 인간성이 바로 선천적
으로 주어진 인의仁義의 도덕입니다.

특별한 사람만 인의의 도덕성이 있는 것이 아닙니다. 동물성과 인
간성 가운데 하나를 선택하라고 하면 누구나 인간성을 선택할 것입니

다. 동물성을 선택하는 것은 동물로서 살다가 죽는 것이요, 인간성을 선택하는 것은 인간으로서 살다가 죽는 것입니다. 인간성을 택하는 것은 마치 생선과 곰 발바닥 요리 가운데 곰 발바닥을 선택하는 것과 같다고 맹자는 본 것입니다. 삶과 죽음보다 더 가치 있는 것이 있다는 말은, 당장 밥 한 그릇과 국 한 그릇이 급해도 발로 차서 주면 걸인도 싫어하는 것을 보면 이해할 수 있습니다. 사람 마음속에는 밥 한 그릇에 대한 욕망만 있는 것이 아니라 인간으로서의 존엄도 있기 때문입니다.

02
적당한 옳음이란 없다

앞에서 동물성보다는 인의라는 인간성이 더 중요하다는 사실을 알았습니다. 그런데 의가 무엇인지를 알았다면 아는 것에 그치는 것이 아니라 그것을 곧 실천할 때 진정한 의가 됩니다. 의는 지식이기보다는 행동입니다. 이에 관해 맹자는 다음과 같은 비유를 듭니다.

대영지 : 10분의 1을 내는 토지세와 관문의 통행세, 시장의 자릿세 등을 지금 당장 폐지하지는 못하겠으나, 내년 이후에는 세금을 감면하려고 하는데 어떻겠습니까?

맹자 : 지금 날마다 이웃집 닭을 훔치는 사람이 있다. 어떤 사람이 그에게 말하기를 "그것은 군자의 길이 아니다." 라고 하자, 그는 "그렇다면 숫자를 줄여서 한 달에 한 마리를 훔치다가 내년 이후에는 그만 두겠소."라고 했다. 만약 의가 아님을 알았다면 바로 그만두어야지 어찌 내

년을 기다리리오.

〈등문공 하〉 8

의를 깨달았으면 바로 실천해야 합니다. '오늘만 놀고 내일부터 공부해야지', '컴퓨터 게임하는 시간을 줄일 거야', '담배를 줄여야지' 등과 같은 다짐은, 의를 아는 것에 그치고 실천하지 않는 것입니다.

맹자에 의하면, 옳음과 옳지 않음이 있는 것이지 적당한 옳음과 적당하게 옳지 않음은 없습니다. 그러나 의가 선천적으로 주어진 것이라 하더라도 삶의 욕망이 강하기 때문에 의를 실천하는 것이 쉽지만은 않습니다. 이로움을 추구하는 것도 노력이 필요하고 의를 실천하는 것도 노력이 필요합니다. 노력을 요구하는 것은 똑같지만 무엇을 위한 노력이냐에 따라 천지 차이가 나는 것입니다.

닭이 울면 일어나 부지런히 선을 행하는 자는 순의 무리이다. 닭이 울면 일어나 부지런히 이로움을 좇는 자는 척의 무리이다. 순과 척의 구분을 알고자 한다면 다른 것이 없다. 이로움과 선의 사이일 뿐이다.

鷄鳴而起, 孳孳爲善者, 舜之徒也. 鷄鳴而起, 孳孳爲利者, 蹠之徒也.
계 명 이 기 자 자 위 선 자 순 지 도 야   계 명 이 기 자 자 위 리 자 척 지 도 야
欲知舜與蹠之分, 無他, 利與善之閒也.
욕 지 순 여 척 지 분 무 타 이 여 선 지 간 야

〈진심 상〉 25

선이나 이로움 모두가 노력을 통해 얻어지기는 마찬가지입니다.

그래서 선과 이로움의 간격은 크지 않다고 합니다. 자신의 이로움을 뒤로하고 공공의 이익을 우선하면 선이고, 공공의 이익을 뒤로하고 자신의 이로움을 우선하면 사사로운 욕망이 됩니다. 공공의 이익에서 조금만 벗어나면 곧바로 사사로운 이익을 추구하는 것이 됩니다. 그래서 선을 실천하는 것은 어려운 일입니다. 앞서 말했듯이, 옳음과 옳지 않음이 있을 뿐 적당한 옳음이란 있을 수 없기 때문입니다.

하지만 이로움이 모두 부정되는 것은 아닙니다. 이로움은 생물적 삶을 살아가는 기반입니다. 이로움이 없다면 우리는 죽음을 면할 수 없습니다. 그래서 맹자는 다음과 같이 말합니다.

이로움에 주도면밀한 자는 흉년이 그를 죽이지 못하며, 덕에 주도면밀한 자는 나쁜 세상이 그를 어지럽히지 못한다.

周于利者, 凶年不能殺, 周于德者, 邪世不能亂.
주 우 리 자 흉 년 불 능 살 주 우 덕 자 사 세 불 능 란

〈진심 하〉 10

이로움은 삶을 영위하는 자양분입니다. 이로움을 쌓아 놓으면 물질적 부족으로 인한 어려움에서 벗어날 수 있습니다. 그래서 이로움은 필요합니다. 그런데 덕을 쌓아놓은 사람은 혼란한 세상 속에서도 의연하게 인간성을 지킬 수 있습니다.

의연하게 인간성을 지키기 위해서는 용기(勇)가 필요합니다. 그래서 의와 용은 항상 함께 다닙니다. 의를 실행하기 위한 에너지, 원동력이

용입니다. 용기 없는 사람은 의로울 수 없습니다. 용기가 물리적인 힘과 관련이 있는 것은 사실이지만, 물리적인 힘이 곧 용기는 아닙니다. 용맹을 뜻하는 '용' 자에 기운이나 기상을 뜻하는 '기氣' 자가 붙는 것은 그것이 일종의 정신 상태, 심리 상태를 의미하기 때문입니다.

03
의의 파트너,
호연지기

용기는 힘의 세기가 아니다

인의가 선천적이라면, 용기는 선천적으로 주어지는 것이 아니라 후천적으로 노력해서 키워 나가는 것입니다. 용기를 기르는 것에 대해 맹자는 다음과 같이 말합니다. 길지만 생략 없이 인용하겠습니다.

공손추(맹자의 제자로서 제나라 사람) : 선생께서 제나라의 수상이 되어 도를 행할 수 있으시다면, 그로 말미암아 패자나 왕자를 이룰 수 있더라도 이상할 것이 없을 것입니다. 마음이 동하지 않으십니까?

맹자 : 동요되지 않는다. 나는 나이 마흔에 부동심을 이루었다.

공손추 : 그렇다면 선생께서는 맹분(용감한 사람을 뜻함)보다 뛰어나십니다.

맹자 : 그런 정도는 어려운 것도 아니다. 고자도 나보다 먼저 부동심을 얻었다.

공손추 : 부동심을 얻는 데 방법이 있습니까?

맹자 : 있다. 북궁유가 용맹을 기르는 방법은 살갗이 찔려도 움츠리지 않고, 눈동자가 찔려도 눈을 깜박이지 않는 것이다. 털끝만큼이라도 좌절이나 모욕을 당하면 마치 큰 거리 한복판에서 종아리를 맞는 것처럼 여겼기 때문에 아주 천한 사람에게도 모욕을 받지 않았고 또한 만승의 임금에게도 모욕을 받지 않았다. 만승의 군주를 찌르는 것을 아주 천한 자를 찌르는 것과 같이 여기니 그가 무서워하는 제후가 없었다. 자신을 험담하는 소리를 들으면 누구든지 간에 반드시 보복했다.

맹시사는 자신이 용맹을 기르는 방법에 대해 "나는 다른 사람들이 이기지 못할 것처럼 보는 것도 이길 수 있다고 여긴다. 적을 살펴본 후에 나아가고 승리를 따져 본 후에 싸운다면 삼군三軍을 두려워하는 것일 뿐이다. 어떻게 싸울 때마다 반드시 승리할 수 있겠는가. 나는 두려움이 없을 뿐이다."라고 했다. 맹시사는 증자와 유사하고, 북궁유는 자하(공자의 제자)와 유사하다. 두 사람의 용맹 가운데 누가 더 나은지 알지 못하겠으나 맹시사가 용맹의 핵심을 잘 지키는 것 같다.

옛날에 증자가 자양(증자의 제자)에게, "그대는 용맹을 좋아하는가? 내가 일찍이 공자에게 큰 용맹에 대해 들었다. 스스로를 돌이켜보아 정직하지 않으면 비록 가장 천한 사람에게라도 부끄러워하지 않겠는가. 스스로를 돌이켜보아 정직하다면 비록 천만인이라도 내가 가서 대적하리라."라고 하였다. 맹시사가 지킨 것은 기상(氣)이었는데, 증자가 용기의 핵심을 지킨 것만 못하다.

공손추 : 감히 묻겠습니다. 선생님의 부동심과 고자의 부동심에 대하여 들을 수 있겠습니까?

맹자 : 고자는 "말뜻에 통달하지 못하는 바가 있으면 그 말을 버려두어 야지 마음속에서 굳이 그 이치를 찾으려 하지 말고, 마음이 편하지 않으면 그 마음을 다스려야지 기운의 도움을 구하지 말라."라고 했다. 마음이 편하지 않으면 그 마음을 다스려야지 기운의 도움을 구하지 말라는 것은 옳지만, 말뜻에 통달하지 못하는 바가 있으면 그 말을 버려두어야지 마음속에서 그 이치를 찾으려 하지 말라는 것은 옳지 못하다. 의지는 기를 이끄는 장수요, 기는 몸에 꽉 차 있는 기운이다. 의지가 으뜸이고 기는 그 다음이다. 그래서 '그 의지를 잘 지키면서도 기운을 난폭하게 하지 말라.'라고 한 것이다.

공손추 : 의지가 으뜸이고 기가 그 다음이라고 하셨고, 또 의지를 잘 지키면서도 기운을 난폭하게 하지 말라고 하신 까닭은 무엇입니까?

맹자 : 의지가 한결같으면 기를 움직이고, 기가 한결같으면 의지가 움직인다. 달리는 것, 넘어지는 것은 기인데 그것이 도리어 마음을 움직이게 한다.

공손추 : 감히 묻겠습니다. 선생님의 부동심은 장점이 어디에 있습니까?

맹자 : 나는 마음을 다하여 나의 본성을 알며, 나의 호연지기浩然之氣를 잘 기른다.

공손추 : 감히 묻겠습니다. 무엇을 호연지기라고 하는 것인가요?

맹자 : 말하기 매우 어렵다. 호연지기의 됨됨이는 지극히 크고 강하다. 호연지기를 정직으로 길러서 해침이 없다면 천지 사이에 꽉 찰 것이다. 그 기의 됨됨이는 의義와 도道에 짝하는데, 의와 도가 없는 것은 굶주려 있는 것과 같다. 호연지기는 의를 쌓아야 생기는 것이다. 그런데 의는 갑자기 엄습하여 얻어지는 것이 아니다. 행동을 하고서도 마음이 만족하지 못하면 굶주리는 것과 같다. 그래서 내가 "고자는 의를 알지 못한다." 라고 말하는 것이다. 고자는 의를 내면이 아니라 밖에서 오는 것이라고 여겼기 때문이다.

其爲氣也, 至大至剛, 以直養而無害, 則塞于天地之間. 其爲氣也, 配義與
기 위 기 야　지 대 지 강　이 직 양 이 무 해　즉 색 우 천 지 지 간　기 위 기 야　배 의 여
道, 無是, 餒也. 是集義所生者, 非義襲而取之也. 行有不慊於心, 則餒矣.
도　무 시　뇌 야　시 집 의 소 생 자　비 의 습 이 취 지 야　행 유 불 겸 어 심　즉 뇌 의
〈공손추 상〉 2

맹자와 제자 공손추가 나눈 대화입니다. 대화의 주제는 용맹의 종류와 호연지기 두 가지입니다. 대비되고 있는 인물은 북궁유, 맹시사, 고자, 맹자, 이렇게 넷입니다.

먼저 맹자는 용맹을 기르는 방법을 통해 용맹을 분류하고 있습니다. 북궁유는 누구와 싸워도 반드시 이기는 것을 용맹의 기준으로 삼고 있습니다. 북궁유 식의 용맹은 자신이 아니라 상대방과의 관계에 있다고 하겠습니다. 용맹의 근거가 자신에게 있는 것이 아니라 다른 사람과의 싸움을 통해 나오는 것이죠. 맹시사는 두려움이 없는 것을

용맹으로 여기고 있습니다. 맹시사 식의 용맹은 힘의 우열이 아니라 오직 자신에게서 용맹의 뿌리를 찾는 것입니다. 둘의 용맹에 우열을 가리기는 어렵지만, 굳이 따지자면 자신에게서 용맹을 찾고자 한 맹시사가 낫다고 맹자는 보았습니다.

그렇지만 맹자가 맹시사의 용맹을 칭찬한 것은 아닙니다. 진정한 용기는 '자신을 돌이켜보아 부끄러움이 조금이라도 없는 것'을 말합니다. 자신을 돌이켜보아 부끄러움이 조금이라도 없다면 상대가 비천한 사람이건 왕이건 한 무리의 사람이건 간에 대적할 수 있습니다. 자신을 돌이켜보아 두려움이 없게 하는 것이 맹시사의 용기라면, 자신을 돌이켜보아 부끄러움이 없게 하는 것이 증자의 용기입니다. 부끄러움이 없다는 것은 도덕적으로 옳다는 것을 말합니다. 곧 용기는 물리적인 힘이 아니라 도덕적으로 옳은 것이라고 말하고 있는 것입니다.

기운은 육체적 활동의 총체를 말합니다. 기운은 육체를 기릅니다. 그런데 육체는 정신의 지배를 받습니다. 마음이 몸을 움직이게 하는 것입니다. 그리고 마음이 하고자 하는 바를 의지라고 부릅니다. 동쪽으로 가고자 하는 의지가 있을 때 몸이 동쪽으로 향하고, 공부하고자 하는 의지가 있을 때 몸이 그것을 따릅니다. 의지가 가는 대로 몸이 따르는 것이 일반적입니다. 그런데 거꾸로, 몸의 기운이 의지를 움직이게 하기도 합니다. 몸이 굶주렸을 때 밥을 먹고자 하는 의지가 생긴다거나, 아름다운 풍경을 보았을 때 그곳에 가고자 하는 마음이 생긴다거나 하는 등과 같은 예입니다. 밥을 먹고자 하는 것이나 아름다운 풍경을 보고자 하는 등의 의지 자체는 의와 관계없는 의지들입니다. 그러나 남의 것을 빼앗아 먹고자 한다든가 아름다운 풍경을 자신만이 즐기고자 하는 등의 의지는 도덕과 관계가 있습니다.

기운 가운데 의와 짝하는 기운이 있는데, 그것이 바로 호연지기입니다. 호연지기는 의의 기상입니다. 호연지기는 기운이지만 그 기운이 우리의 마음과 의지를 의로 이끌기도 합니다. 굶주리면 밥을 먹고자 하는 의지가 생기는 것처럼, 호연지기가 꽉 차 있는 사람은 의의 실천을 밥을 먹는 것처럼 하고자 합니다.

그런데 호연지기는 그냥 주어지는 것이 아닙니다. 호연지기가 천지 사이에 꽉 차 있기는 하지만 그것을 내 것으로 하기 위해서는 의를 쌓아야 합니다. 의는 쌓는 것입니다. 한 번 착한 일을 했다고 해서 착한 사람이라고 하지 않고 언제나 착한 일을 하는 사람을 착한 사람이라고 하는 것처럼 언제나 의를 실천해야 합니다. 그래야 호연지기가 내 것이 됩니다.

호연지기는 나의 의지를 의로 이끌고, 의의 실천은 호연지기를 키웁니다. 호연지기와 의는 서로를 길러 주는 관계입니다. 옳은 일을 하고자 하는 것이 의를 향한 정신적 의지라면, 호연지기는 의를 행동으로 옮기는 기운 혹은 기상입니다. 의지가 기상을 키우고, 기상이 있으면 의지가 자랍니다.

큰 용기, 작은 용기

용기는 자신에게 부끄러움이 없는 것, 즉 도덕적인 것에 뿌리를 두고 있음을 보았습니다. 그렇지만 용기가 기운인 이상 물리적 힘을 완전히 배제할 수는 없습니다. 또 경우에 따라서는 기운이 의지를 의로 인도하기도 합니다. 그렇다고 물리적 힘의 세기가 곧 용기가 있느냐 없느냐, 많으냐 적으냐를 가르는 기준은 더더욱 아닙니다. 그래서 맹자는 큰 용기와 작은 용기를 구분할 것을 말합니다.

제나라의 선왕 : 과인에게는 병통이 있소. 용맹(勇)을 좋아하는 것이오.
맹자 : 왕께 청합니다. 작은 용맹을 좋아하지 마십시오. 칼을 어루만지며 상대방을 노려보면서 "네가 어찌 감히 나를 당하겠는가."라고 하는 것은 보통 사람의 용맹으로서 한 사람을 대적하는 것일 뿐입니다. 왕께 청합니다. 용맹을 크게 하십시오.
《시경》에 이르기를 '왕께서 성내어 노하시니, 이에 군대를 정돈하여 침략자의 무리들을 막아내어 주나라의 복을 돈독히 하여 천하에 보답하였다.'라고 했습니다. 이것이 문왕의 용맹입니다. 문왕이 한 번 노하시니 천하의 백성이 평안해졌습니다.
《서경》에 이르기를 '하늘이 백성을 내심에 군주와 스승을 지으심은 상제를 돕기 위해서이다. 그래서 상제는 모든 나라를 사랑한다. 죄가 있든 없든 모두 내게 있는 것이니, 천하에 어찌 상제의 그 뜻을 무시하는 자가 있겠는가.'라고 했습니다. 한 사람이 천하에 횡횡하거늘 무왕이 그것을 부끄럽게 여기셨으니 이것이 무왕의 용맹입니다. 무왕 또한 한 번 노하시어 천하의 백성이 평안해졌습니다.

지금 왕 또한 한 번 노하시어 천하의 백성이 평안해진다면 백성들은 왕께서 용맹을 좋아하지 않을까 걱정할 것입니다.

今王亦一怒而安天下之民, 民惟恐王之不好勇也.
금 왕 역 일 노 이 안 천 하 지 민   민 유 공 왕 지 불 호 용 야

〈양혜왕 하〉 3

용맹은 큰 용맹과 작은 용맹이 있습니다. 작은 용맹은 자신을 위해 남과 물리적으로 대적하고자 하는 것으로 혈기의 노여움을 말합니다. 반면 큰 용맹은 어려움에 빠진 천하의 백성들을 구제하고자 하는 의로운 노여움입니다.

한 사람을 상대하는 노여움은 보통 사람들의 용맹일 뿐입니다. 적어도 지도자라면 용맹을 크게 가져야 합니다. 왕이 되어서 한 사람을 상대할 정도의 용맹만 있다면 그 나라는 커질 수 없습니다. 한 나라의 왕이 작은 용맹을 갖고 있다면 자신보다 작은 나라를 도와주고 큰 나라는 섬길 것입니다. 즉 자신보다 힘이 센 상대는 옳지 못한 사람이더라도 섬기는 것입니다. 하지만 용기를 가졌기 때문에 자신보다 힘이 약한 상대를 도와줄 수 있기는 합니다.

반면 한 나라의 왕이 큰 용맹을 가졌다면 백성을 괴롭히는 포악한 자와 난을 일으키는 자를 제거하여 어려움에 허덕이고 있는 백성을

구제하여 천하를 평화롭게 할 것입니다. 곧 큰 용맹은 물리적인 힘의 세기에 근원하고 있는 것이 아니라 도덕에 근원하고 있습니다. 아니, 물리적인 힘은 도덕을 실현하는 데 쓰는 것이라고 해야 옳을지도 모르겠습니다.

'작은 용맹은 혈기가 하는 것이고, 큰 용맹은 의리가 하는 것이다.' 라는 송대 학자 주희의 설명이 아주 훌륭하다고 하겠습니다.

04
의를 어떻게 기를 것인가

유학에서는 의義의 근원을 인간 본성에서 찾으면서, 의를 지키고 실천할 것을 강조해 왔습니다. 의에 대한 관념은 공자 이전부터 있었지만 공자에 이르러 중요한 도덕 개념으로 자리 잡습니다. 공자는 말합니다.

군자는 의를 최상으로 여긴다. 군자가 용기만 있고 의가 없으면 난을 일으키고, 소인이 용기만 있고 의가 없으면 도둑이 된다.

君子義以爲上. 君子有勇而無義爲亂, 小人有勇而無義爲盜.
군 자 의 이 위 상   군 자 유 용 이 무 의 위 란   소 인 유 용 이 무 의 위 도

《논어》〈양화〉

의를 실천하기 위해서는 용기가 필수적이지만 의가 없는 용기는 폭력일 뿐입니다. 높은 지위에 있는 사람이 의가 없이 용기만 있다면

반드시 더 높은 지위를 얻기 위해 혼란을 일으킬 것이고, 서민이 의가 없이 용기만 있다면 폭력배나 도둑이 되기 십상일 것입니다. 그래서 공자는 모든 행위에는 표준이 있어야 하는데, 그 표준을 의라고 여긴 것입니다.

공자는 의의 상대 개념으로 이로움(利)을 들고 있습니다. 의와 이로움의 관계는 선과 악의 대립 구도가 아닙니다. 이로움은 우리의 삶을 영위하는 데 필수적 요소입니다. 이로움을 추구하는 것은 생존 욕구입니다. 그래서 이로움 자체가 악이 되거나 그 자체로 피해야 할 것은 아닙니다. 이로움 자체를 부정하는 것은 생존 욕구를 부정하는 것이기 때문입니다. 다만 이로움(생존 욕구)만을 추구하는 것은 인간적 삶이 아니라 동물적 삶만을 추구하는 것과 같습니다. 나아가 이로움과 의 가운데 하나를 택해야 할 상황에서 이로움을 택하는 것은, 인간적 삶보다 동물적 삶을 우선시하는 것과 같습니다. 그래서 공자는 말합니다.

군자는 의에 밝고 소인은 이로움(利)에 밝다.

君子喩於義 小人喩於利.
군 자 유 어 의 소 인 유 어 리

이로움을 기준으로 행동하면 원망이 많다.

放於利而行, 多怨.
방 어 리 이 행 다 원

모든 행동이 의에 합치되는가를 우선해야지 이로움이 생기는 것을 우선해서는 안 됩니다. 그래서 의에 합치되면 이로움이 생기지 않더라도 용감하게 실행해야 하며, 이로움이 생긴다고 해서 의를 저버리는 행동은 하지 말아야 합니다. 의로우면서도 이로움이 생긴다면 적극 실행해야 함은 물론입니다.

의를 실천하는 구체적인 방법으로는, 직분에 걸맞게 행동하기, 부끄러움 알기, 물질적 욕망으로부터 자유로워지기 등이 있습니다.

직분을 잊지 마라

의를 기준으로 행동하는 사람은 자신의 직분에 어긋나는 일을 하지 않습니다. 여기서 직분이라 함은 특별한 직위나 벼슬을 뜻하는 것이 아니라 인간관계에서의 역할을 말합니다. 나는 부모님에게 자식이고, 자식에 대해서는 부모입니다. 벗에게는 친구이고, 선생님에게는 제자입니다. 자식, 부모, 친구, 제자 등이 바로 나의 직분입니다. 그래서 직분이 없는 사람은 없습니다. 또한 나는 자식이면서 동시에 부모가 될 것이고, 친구이면서 동시에 제자입니다. 하나의 직분만 있는 것이 아니라 인간관계의 수만큼 직분이 생깁니다. 직분에 충실하다는 것은 부모에게는 자식으로서의 도리, 친구에게는 벗으로서의 언행, 선생님에게는 제자로서의 태도를 취하는 것을 말합니다. 선생님에게 친구를 대하듯 언행을 한다거나, 선생님에게 부모 대하듯 하는 것은 직분을 어긴 것이며 옳지 못한 행동입니다.

만약 한 나라의 모든 사람이 자신의 본분에 걸맞게 행동하면 그 나라는 아주 평온하고 잘 다스려질 것입니다. 그래서 공자는 정치에서 가장 우선해야 할 것에 대해 다음과 같이 말했습니다.

> 임금은 임금답고 신하는 신하답고 아비는 아비답고 자식은 자식답게 하는 것이다.
>
> 君君, 臣臣, 父父, 子子.
> 군군　신신　부부　자자
>
> 《논어》〈안연〉

공자는 이처럼 직분에 충실할 것을 주문합니다. 임금, 신하, 아비, 자식은 인간관계에서 직분과 지위이면서 동시에 책임을 나타내는 이름입니다. 이름을 얻은 사람이 모두 자기의 본분을 다한다면 의가 실현된다는 것입니다. 만약 각자가 직분을 벗어난 행동을 한다면 그 사회는 혼란에 빠질 것이 분명합니다. 아랫사람이 윗사람을 해치고, 자식이 아비에게 덤빈다면 가정과 사회가 어지럽게 될 것은 자명하기 때문입니다.

부끄러움을 알아라

의와 밀접한 관계에 있는 감정은 부끄러움과 용기입니다. 부끄러움을 느끼거나 잘못을 뉘우칠 줄 아는 것은 선천적 감정입니다. 그래서 부끄러움이라는 감정은 의를 실천하고자 하는 의지를 갖게 합니다.

옛사람은 말을 많이 하지 않으면서도, 말에 몸이 따르지 않음을 부끄러워했다.
군자는 말을 해놓고 행동에 잘못이 있는 것을 부끄러워한다.

어떤 일을 했는데 그 일을 한 것이나 그렇게 일을 한 것에 대해 부끄러움을 느낀다면, 자신이 뱉은 말과 자신의 행동이 일치되지 않은 것입니다. 그래서 언제나 말을 신중하게 해야 하는 것입니다. 부끄러워해야 할 것을 부끄러워하지 않는 사람이 있다면, 그런 사람과는 인의仁義를 함께 말할 수 없을 뿐 아니라 인의를 실천할 수는 더더욱 없습니다. 부끄러운 것이 아닌데도 부끄럽게 여기는 사람과도 마찬가지로 인의를 말하거나 실천할 수 없습니다. 그래서 공자는 말합니다.

나라에 도가 있는데 가난하고 비천한 것은 부끄러운 것이다. 나라에 도가 없는데 부자이고 귀하다면 부끄러운 것이다.
선비가 도에 뜻을 두고 거친 옷과 나쁜 음식을 부끄러워한다면 더불어 논의할 만하지 못하다.

부끄러움이 무엇인지를 아는 것에서 의의 실천이 시작됩니다.

욕망으로부터 자유로워져라

공자는 의로운 사람은 반드시 용기가 있다고 보았습니다. 용기 없는 사람은 의를 지키고 실천할 수 없습니다. 용기에 대한 최고 경지는, 목숨을 버리고 의를 지키는 것(사생취의捨生取義)입니다. 용기는 의를 목적으로 삼아야 합니다. 그렇지 않다면 용기는 난폭한 호랑이의 용맹에 불과합니다. 그래서 공자는 "군자는 의를 최상으로 여긴다. 군자가 용기만 있고 의가 없으면 난을 일으키고, 소인이 용기만 있고 의가 없으면 도적이 된다."라고 했습니다.

용기 있는 사람은 물질적 유혹으로부터 자유로우며, 용기는 물질적 욕구를 물리치게 하는 힘이기도 합니다. 물질적 욕구와 관련하여 의를 실천하는 것 가운데 빼놓을 수 없는 것이 청렴과 검소입니다. 직분에 걸맞지 않은 행동을 하지 않고, 분수에 넘는 재물을 탐내지 않으며, 공적인 것을 우선하고, 사리사욕에 따르지 않는 것이 청렴입니다.

부귀는 사람들이 좇는 바이다. 그러나 도로써 얻는 것이 아니면 얻지 않는다. 빈천은 사람들이 싫어하는 바이다. 그러나 도로써 얻는 것이 아니면 가지 않는다.

부귀와 빈천 모두가 의에 합치되어야 합니다. 의에 합치되지 않는 부귀와 빈천을 추구해서는 안 됩니다. 정당하게 얻어진 부귀가 아니

라면 그 부귀를 헌신짝처럼 버려야 하며, 빈천 또한 도로써 얻어진 것
이 아니라면 깨끗한 것이 아닙니다. 정당하게 얻은 부귀는 청렴을 저
버린 것이 아니며, 의에 합치되지 않는데 빈천을 고수하는 것은 청렴
의 진정한 뜻을 생각지 못한 것입니다. 청렴은 가난을 뜻하는 것이 아
니라 의롭지 않은 재물을 취하지 않는 것을 말합니다. 의를 실천하는
데 청렴이 필요한 이유는 재물에 연연하지 않아야 하기 때문입니다.

청렴이 부와 관련된 것이라면, 검소는 가난과 관련된 것입니다. 청
렴이 의에 기초한 부를 상징한다면, 검소는 떳떳한 가난을 상징합니
다. 그리하여 공자는 인의가 있다면 비록 가난해도 좋다고 합니다.

거친 밥을 먹고 물을 마시고 팔을 굽혀 베개 삼아도 즐거움이 그 속에 있
다. 의롭지 않은 부귀는 나에게 뜬구름과 같다.

의에 대한 공자의 사상은 후대에 커다란 영향을 주었습니다. 특히
맹자는 의를 더욱 강조하였습니다. "인은 사람의 마음이고, 의는 사람
의 길이다."라는 맹자의 말은 일체의 행위를 모두 의로부터 말미암아
야 할 것을 강조하는 것입니다.

2부

인의仁義, 하늘이 내린 벼슬

01
사람을 사람이게 하는 것, 본성

사물에는 사물의 법칙이 있듯

앞에서 맹자가 살던 시대를 전국시대라고 했습니다.

전국시대는 중국 대륙이 100여 개의 작은 나라들로 나누어져 힘을 다투던 춘추시대가 끝나고, 한, 위, 조, 제, 연, 초, 진의 일곱 나라가 치열하게 세력을 다투던 시기입니다. 이 일곱 나라를 전국 7웅이라고 합니다. 전국 7웅의 군주들은 천하 통일을 위하여 지식인을 중요하게 여겼는데, 여기에서 선비(지식인士) 계층이 출현합니다. 선비는 전문적인 지식과 사상으로 군주를 돕는 사람들을 말합니다. 선비들은 자신들의 이론과 학설이 뛰어나다고 주장하면서 여러 학파를 이루었습니다.

선비들은 당시 사회의 여러 문제에 대해 논쟁을 벌였는데, 유명한 논쟁 가운데 하나가 바로 인간의 본성에 관한 것입니다. 인간의 본성이 무엇인가에 대한 문제는 사회가 혼란한 원인을 진단하고 처방책을 내놓는 것과 밀접한 관계가 있습니다. 인간의 본성을 선하다고 보는 사람은 선한 본성을 드러내고 키우는 방법을 찾아야 할 것이고, 반대로 인간의 본성을 악하다고 보는 사람은 본성이 드러나지 않게 강력히 규제하는 방법을 찾거나 악한 본성을 선하게 바꾸기 위한 방안을 연구할 것입니다.

인간의 본성론에 대한 주장은 성선설, 성악설, 성무선악설, 성선악혼재설, 성삼품설 등 다양한 주장이 있습니다. 성선설은 이 책의 주인공 맹자가 주장하는 것으로, 인간의 본성은 태어날 때부터 착하다고 보는 것입니다. 성악설은 맹자보다 후대 학자인 순자의 주장으로, 인간의 본성을 이기적이고 악하다고 봅니다. 성무선악설은 맹자와 같은 시대를 살았던 고자의 주장으로, 본성이 선이나 악, 어느 한 가지로 정해져 있지 않다고 보는 주장입니다. 성선악혼재설은 전한 말기의 사상가 양웅이라는 사람의 주장으로, 선과 악의 가능성이 모두 있다고 보는 것입니다. 성삼품설은 후한의 사상가 왕충의 주장으로, 본성이 사람에 따라 상·중·하 세 단계로 나누어진다고 보는 것을 말합니다. 또 노자와 장자처럼 본성을 선악으로 빗대어 설명하려는 자체가 옳지 못하다고 보는 입장도 있습니다.

《맹자》에는 고자의 성무선악설에 대한 비판이 실려 있습니다. 고자와 맹자의 논쟁 속으로 들어가 봅시다.

공도자: 고자는 "본성은 선도 없고 불선도 없다."라고 했습니다. 어떤 사

람은 "본성은 선을 할 수도 있고 불선을 할 수도 있다. 따라서 문왕이나 무왕과 같은 사람이 일어나면 백성들이 선을 좋아하고, 유왕과 여왕 같은 사람이 일어나면 백성들이 포악함을 좋아한다."라고 했습니다. 또 어떤 사람은 "본성이 선한 사람도 있고 본성이 불선한 사람도 있다. 그래서 요가 임금이었지만 상象 같은 사람도 있었고, 고수가 아비였지만 순 같은 사람도 있으며, 주를 형의 아들로 삼고 또 군주로 삼았는데도 미자계와 왕자 비간이 있는 것이다."라고 했습니다. 지금 선생님께서는 "본성은 선하다."라고 하시니 그렇다면 저들이 모두 틀린 것인가요?

맹자 : 타고난 감정으로 말하면 선하다고 할 수 있으니, 이것이 내가 말하는 선이다. 불선을 하는 것은 타고난 재질의 잘못이 아니라고 말할 수 있다. 측은한 마음은 사람마다 다 가지고 있으며, 수오의 마음을 사람마다 다 가지고 있으며, 공경의 마음을 사람마다 다 가지고 있으며, 시비의 마음을 사람마다 다 가지고 있다. 측은한 마음은 인이고, 수오의 마음은 의며, 공경의 마음은 예이고 시비의 마음은 지이다. 인의예지는 바깥으로부터 나에게 녹아 들어오는 것이 아니라 내가 본래 가지고 있는 것이건만, 사람들이 생각하지 않을 뿐이다. 그래서 "구하면 얻을 것이고 버리면 잃을 것이다."라고 했다. 선악의 차이가 배가 되고 혹은 다섯 배가 되어서 계산할 수 없는 것은 그 타고난 재질을 다하지 않았기 때문이다. 《시경》에 '하늘이 백성을 내시니, 사물이 있으면 법칙이 있도다. 사람들이 떳떳한 본성을 잡고 있으니 이 아름다운 덕을 좋아한다.'라고 했다. 공자는 "이 시를 지은 사람은 도를 아는구나! 사물이 있으면 반드시 법

칙이 있으니 사람들이 떳떳한 본성을 가지고 있기에 이 아름다운 덕을
좋아한다."라고 하셨다.

惻隱之心, 人皆有之, 羞惡之心, 人皆有之, 恭敬之心, 人皆有之. 是非之
측은지심 인개유지 수오지심 인개유지 공경지심 인개유지 시비지
心, 人皆有之. 惻隱之心, 仁也. 羞惡之心, 義也, 恭敬之心, 禮也, 是非之
심 인개유지 측은지심 인야 수오지심 의야 공경지심 예야 시비지
心, 智也. 仁義禮智, 非由外鑠我也, 我固有之也, 弗思耳矣.
심 지야 인의예지 비유외 삭아야 아고유지야 불사이의

〈고자 상〉6

이 글에서는 본성에 대한 학설이 네 가지 나옵니다. 첫째는 본성에
는 선도 악도 없다는 성무선악설인데, 이것은 고자의 주장입니다. 둘
째는 선도 악도 모두 행할 수 있다는 가선가악설입니다. 이 주장을 한
사람이 누구인지는 나오지 않습니다. 셋째는 선한 사람도 있고 악한
사람도 있다는 유선유악설입니다. 이 주장 또한 누구의 말인지는 알
수 없습니다. 넷째는 맹자의 성선설입니다.

성무선악설, 가선가악설, 유선유악설은 본성이 선이나 악으로 확정
된 것이 아니라고 보는 면에서 공통점이 있습니다. 반면 성선설은 본
성이 선으로 규정되어 있다고 봅니다. 따라서 본성이 선으로 정해진
것이 아니라는 고자의 성무선악설이 옳지 않다는 것을 증명하면 가선
가악설이나 유선유악설도 모두 옳지 않은 주장이 됩니다. 그래서 맹
자는 고자의 성무선악설을 집중적으로 비판합니다. 맹자가 고자를 비
판하는 관점은 두 가지입니다. 하나는 본성은 정해져 있다는 것이고,
또 하나는 선善으로 정해져 있다는 것입니다.

맹자는 《시경》을 통해 본성이 정해져 있다고 설명합니다. 사물에는 법칙이 있습니다. 그렇다면 사람에게도 법칙에 해당하는 '그 무엇'이 있어야 하는데 그것이 바로 인간의 본성입니다. 사물이 사물로서의 법칙을 갖고 있듯 사람에게는 사람으로서의 법칙이 있는데, 그 법칙은 사람을 사람이게 하는 것이어야 합니다. 그 법칙이 바로 도덕입니다. 사물에는 사물의 법칙이 있듯이 사람에게는 도덕적 본성이 있는 것입니다.

본성은 물이 아래로 흐르는 것과 같다

반면 고자는, 선이라는 것은 태어날 때부터 가지고 나오는 것이 아니라 만들어 나가는 것이라고 봅니다. 그리고 인간의 본성은 선이나 악과 같은 가치로 주어진 것이 아니라, 살아가고자 하는 본능적 욕구라고 봅니다. 고자와 맹자의 논쟁을 차근차근 살펴보도록 합시다.

고자 : 본성(性)은 갯버들과 같고, 의(義)는 버들로 엮은 그릇과 같다. 사람이 본성을 가지고 인의(仁義)를 행하는 것은 버들가지로 그릇을 만드는 것과 같다.

맹자 : 그대는 갯버들의 성질을 따라서 나무 그릇을 만드는가? 아니면 버들가지를 억지로 구부리고 꺾은 뒤에야 그릇을 만든다는 것인가? 만약 버들가지를 억지로 구부리고 꺾은 뒤에야 그릇을 만든다면, 사람을 해

쳐서 인의를 행한다는 것인가? 천하의 사람을 몰아서 인의를 해치는 것

은 반드시 그대의 말이구나!

子能順杞柳之性而以爲桮棬乎. 將戕賊杞柳而後以爲桮棬也. 如將戕賊
자 능 순 기 류 지 성 이 이 위 배 권 호   장 장 적 기 류 이 후 이 위 배 권 야   여 장 장 적
杞柳而以爲桮棬, 則亦將戕賊人以爲仁義與. 率天下之人而禍仁義者, 必
기 류 이 이 위 배 권   즉 역 장 장 적 인 이 위 인 의 여   솔 천 하 지 인 이 화 인 의 자   필
子之言夫.
자 지 언 부

<고자 상> 1

고자는 그릇은 '만들어진 것'이지 자연 상태의 버들가지가 그릇은
아니라고 주장합니다. 곧 인의라는 도덕적 행위는 그릇이 만들어지는
것처럼 후천적인 노력의 결과이지 선천적 가능성이 실현된 것이 아니
라고 합니다. 도덕적 행위를 후천적인 노력의 결과로 본다는 면에서
고자의 성무선악설을 순자의 성악설과 같은 것으로 보는 사람도 있습
니다. 순자는 "본성은 악이며, 선은 인위적인 것이다."라고 하여 선한
행위를 후천적인 것으로 보기 때문입니다.

맹자는 버들가지로 그릇을 만드는 것은 버들의 성질이 부드러워
그릇을 만들 수 있기 때문이라고 봅니다. 그런데 고자의 주장대로 버
들가지가 그릇으로 되는 것이 버들의 본성을 해쳐야만 가능하다고 본
다면, 인의를 행하는 것은 사람의 본성을 해쳐야 가능하다는 것이 됩
니다. 이 세상의 어떤 사람도 본성을 해쳐가면서 인의를 행하려고 하
지는 않을 것입니다. 따라서 본성을 해쳐야만 인의를 실행할 수 있다
는 고자의 주장은 사람들에게 인의를 해치게 하는 것입니다. 자신의

본성이 선함을 모르고 선을 다른 곳에서 찾을 것이고, 다른 곳에서 찾다가 안 되면 내게는 선이 없다고 하면서 자포자기하게 될 것입니다.

고자 : 본성은 소용돌이치는 여울물과 같다. 동으로 트면 동쪽으로 흐르고 서로 트면 서쪽으로 흐른다. 사람의 본성에 선과 불선의 구분이 없는 것은 물에 동쪽과 서쪽의 구분이 없는 것과 같다.

맹자 : 물에는 진실로 동쪽과 서쪽의 구분이 없다. 그러나 위와 아래의 구분도 없는 것인가? 사람의 본성이 선한 것은 물이 아래로 흐르는 것과 같다. 사람은 불선한 사람이 없고 물은 아래로 내려가지 않음이 없다.

지금 물을 억지로 튕겨서 튀어 오르게 하면 이마를 넘길 수 있을 것이며, 격하게 흘러가게 한다면 산꼭대기에 이르게 할 수도 있지만, 이것이 어찌 물의 본성이겠는가. 밖으로부터의 힘이 그렇게 만든 것이니, 사람으로 하여금 불선을 하게 하는 것도 본성 때문이 아니라 밖으로부터의 힘으로 그렇게 된 것이다.

水信無分於東西, 無分於上下乎? 人性之善也, 猶水之就下也. 人無有不
수 신 무 분 어 동 서   무 분 어 상 하 호   인 성 지 선 야   유 수 지 취 하 야   인 무 유 불
善, 水無有不下.
선   수 무 유 불 하

〈고자 상〉 2

이번에는 소용돌이치는 여울물에 본성을 빗대고 있습니다. 앞에서 갯버들과 그릇의 비유에서는, 갯버들이 그릇이 '되는 것'은 억지로 만드는 것이라고 한 말이 맹자의 비판을 받았습니다. 맹자가 볼 때, 된다

는 것은 될 수 있는 성질(본성)이 있다는 것이 전제됩니다. 맹자의 비판을 받은 고자는 '이것이 저것이 된다.'라는 식의 비유를 더는 할 수 없습니다. 그래서 이번에는 성질 자체를 말한 것으로 보입니다.

고자는 물에 동쪽과 서쪽의 방향성이 있는 것이 아니라, 환경과 같은 외부적 요인에 의해 동쪽이나 서쪽으로 흐르는 것이라고 봅니다. 물이 방향을 가지고 있는 것은 아니지만, 동쪽으로 흐르게 할 수도 있고 서쪽으로 흐르게 할 수도 있다는 것이지요. 고자의 이런 주장을 양웅의 성선악혼재설로 보는 사람들도 있습니다. 양웅은 "사람의 본성은 선과 악이 섞여 있다. 선을 닦으면 선인이 되고, 악을 닦으면 악인이 된다."라고 주장했기 때문입니다.

맹자도 '이것이 저것이 되는 것은, 저것이 될 수 있는 성질이 있기 때문이다.'라는 식이 아니라, 성질 그 자체를 가지고 고자의 논리를 비판합니다. 물이 동서의 방향을 갖고 있는 것은 아니지만 위로 가지 않고 아래로 가지 않느냐는 것이죠. 즉 물은 아래로 간다는 방향성을 갖고 있는 것이고, 아래로 가고자 하는 그것이 바로 물의 본성입니다. 물을 위로 흐르게 하는 것은, 말 그대로 '흐르게 하는 것'이지 물이 그렇게 하는 것은 아닙니다. 물이 아래로 흐르는 것이 본성이고 자연스러운 것이라면, 물을 위로 흐르게 하는 것은 본성을 거스르는 것이고 억지로 그렇게 하도록 만드는 것입니다. 마찬가지로 사람이 선한 것이 본성이고 자연스러운 것이라면, 불선을 하는 것은 본성을 거스르는 것이고 억지로 그렇게 하도록 만드는 것이라는 뜻입니다.

02
사람에게
어찌 인의가 없겠는가

무엇을 어떻게 먹느냐가 중요하다

이제 고자는 논쟁의 초점을 옮깁니다. 앞에서는 그릇을 만들 수 있는, 곧 인의를 실행할 수 있다는 가능성을 말했지만 여기서는 선행의 가능성을 말하지 않습니다. 하지만 여전히 선악이 선천적인 것이 아니라는 고자의 입장에는 변함이 없어 보입니다. 나아가서 본성은 선과 악이라는 인위적인 가치 개념이 아니라 살아가려 하는 본능 자체라고 주장하기에 이릅니다.

고자 : 살아가려 하는 본능을 본성이라고 한다.
맹자 : 살아가려는 본능을 본성이라 하는 것은 흰 것을 희다고 부르는 것과 같은 것인가?

고자 : 그렇다.

맹자 : 그렇다면 흰 털의 색이 흰 것과 흰 눈의 흰색이 같으며, 흰 눈의 흰색이 흰 구슬의 흰 것과 같은가?

고자 : 그렇다.

맹자 : 그렇다면 개의 본성과 소의 본성이 같으며, 소의 본성과 사람의 본성이 같단 말인가?

〈고자 상〉 3

마지막 맹자의 질문에 대한 고자의 대답이 없습니다. 그래서 맹자가 고자를 꼼짝 못하게 한 것으로 보는 사람들도 있습니다. 그러나 고자의 대답을 유추해 보면 의외로 간단합니다. 고자는 "소와 개와 사람의 본성이 같다."라고 대답했을 것입니다. 그 이유는 본성을 선과 악이라는 가치가 아니라 살아가려는 본능으로 보고 있기 때문입니다. 선악이라는 가치는 인간에게만 있지만, 살아가려는 본능은 살아 있는 모든 존재에 공통된 것입니다. 본능을 본성으로 보는 고자의 입장에서 소와 개와 사람의 생존 본능은 차이가 없습니다.

결국 고자와 맹자는 똑같이 본성이라는 말을 하고 있지만, 본성이 가리키는 것이 무엇이냐에 대해서는 전혀 딴 곳을 보고 있는 셈입니다. 본성은 타고나는 것이고, 타고난 것은 살아가려는 본능일 뿐이고, 선악은 삶의 과정에서 노력을 통해 얻어지는 후천적인 것이라고 보는 것이 고자의 입장입니다.

맹자가 고자를 비판하는 핵심은 바로 거기에 있습니다. 먹어야 하는 것은 개와 소와 사람이 다르지 않지만 무엇을 먹느냐, 남의 것을 빼앗아 먹느냐, 나누어 먹느냐, 만들어 먹느냐, 많이 먹느냐 등 먹는다는 것에도 차이가 있습니다. '개는 뼈다귀를 먹고, 소는 풀을 먹고, 사람은 밥을 먹는다.'라고 할 때 '먹는다'에 초점을 맞춘 것이 고자라면, '뼈다귀, 풀, 밥'에 초점을 맞추고 있는 것이 맹자라고 할 수 있습니다. 맹자는 '무엇을, 어떻게' 먹느냐가 인간과 동물의 차이점이라고 봅니다. 인간과 동물의 차이점이 인간의 본성이지, 인간과 동물의 공통점이 인간의 본성이 될 수 없다는 것입니다.

이번 논쟁에서 고자가 멈칫한 듯하지만 고자는 자신의 주장을 굽히지 않습니다. 이제는 주제를 도덕으로 확장시킵니다.

고자 : 먹을 것을 찾고 짝을 그리워하는 것이 본성이니, 인仁은 내면에서 나오고 외면에 있는 것이 아니며, 의義는 외면에 있지 내면에 있는 것이 아니다.

맹자 : 어째서 인은 내면에, 의는 외면에 있다고 하는가?

고자 : 저들이 어른이라고 여기니 내가 어른으로 여기는 것이지 내가 스스로 어른으로 여기는 것이 아니며, 저들이 흰색이라고 하니 나도 희다고 하는 것이니 외면의 흰색을 따르는 것이다. 따라서 외면에 있다고 하는 것이다.

맹자 : 백마를 흰색이라 하는 것은 백인을 희다고 하는 것과 다를 것이

없다. 아, 알지 못하겠으나, 나이 많은 말을 쓸모없게 여기는 것과 나이 많은 사람을 어른으로 여기는 것의 차이가 없다는 것인가. 또 어른을 의 義라고 해야 하나, 어른으로 여기는 것을 의라고 해야 하는가.

고자 : 나의 아우이면 사랑하고, 진나라 사람의 아우면 사랑하지 않으니 이것은 나를 중심으로 하여 기쁨을 삼는 것이다. 따라서 내면에 있다고 하는 것이다. 초나라의 나이 많은 사람을 어른으로 여기며 또한 나의 어른을 어른으로 여기나니 이것은 어른을 중심으로 기뻐한 것이다. 그래서 의는 외면에 있다고 한 것이다.

맹자 : 진나라 사람이 구운 고기를 좋아하는 것이 내가 구운 고기를 좋아하는 것과 다르지 않다. 그렇다면 구운 고기를 좋아하는 것도 외면에 있다는 것인가?

〈고자 상〉 4

고자는 맹자가 본성을 인의라고 본 것에 대해 인과 의를 분리시켜 반박하고 있습니다. 고자는 '사랑(仁)'은 나를 위주로 하는 것이기 때문에 내면에 있다고 본 것입니다. 그런데 고자가 말하고 있는 사랑은 인이라기보다 욕망에 가깝습니다. 왜냐하면 먹을 것을 찾고 짝을 그리워하는 것을 본성이라고 보기 때문입니다. 그리고 어른을 공경하는 것과 같은 의는 내가 아니라 상대방의 욕구에 내가 따르는 것이기에 외면에 있는 것이라고 주장합니다.

맹자는 인과 의를 모두 내면적 덕성으로 보고 있습니다. 고자도 사랑은 내면적 덕성으로 보았기 때문에, 의가 외면에 있다는 고자의 주장에 비판의 초점을 맞춥니다. 맹자는 나이 많다는 것 자체가 의인가, 아니면 나이 많은 사람을 공경하는 것이 의인가를 되묻습니다. 만약 나이 많은 것에 공경을 표하는 것이 의라면 의가 외면에 있다는 주장이 옳을 것입니다. 그렇지만 우리는 나이 많은 말과 나이 많은 사람을 똑같이 대하지 않습니다. 나이 많은 말을 대하는 마음과 나이 많은 사람을 공경하려는 마음이 다르기 때문입니다. 그것은 공경이 나이 많은 사람에게 있는 것이 아니라, 나이 많은 사람을 공경하려는 내 마음에 있는 것이기 때문입니다.

이 논쟁으로 고자가 맹자에게서 한 발 물러섰다고 보는 입장도 있습니다. 고자는 '살아가려 하는 본능이 본성이다.'라는 말을 부연하여, 먹을 것을 찾고 짝을 그리워하는 것이 본성이라고 전보다 구체적으로 말합니다. 그런데 먹을 것을 '찾고' 짝을 '그리워하는' 자기 보존 욕구를 사랑이라고 말해 버린 것입니다. 그런 면에서 고자가 맹자의 논쟁에 밀려 인의 선천성을 인정한 것으로 보일 수도 있습니다. 하지만 고자가 말하는 인은 자기 보존의 욕구 이상도 이하도 아닙니다. 남을 위한 사랑이 아니라 자신의 생존을 위한 자기애에 머물고 있는 것입니다.

우리는 아름다운 산이었다

맹자가 진정 걱정한 것이 바로 이것입니다. 사람들이 자기 보존 욕구에 머물고 있는 자기애를 본성으로 알고 자기애만을 추구하고자 한다면, 인간 사회는 곧바로 약육강식의 자연세계가 될 것입니다. 그렇다면 큰 나라가 작은 나라를 억압하고, 임금이 백성을 수탈의 대상으로 여기고, 어른이 어린이를 함부로 부리고, 남자가 여자를 옥죄는 등의 나쁜 행위가 모두 본성에서 나온 것이기 때문에 어쩔 수 없다는 주장이 나올 것입니다. 이렇게 나쁜 행위를 하고도 책임을 회피하는 도피처나 자기합리화의 수단으로 본성이 이용되는 것을 맹자는 염려한 것입니다.

그래서 맹자는 우리 인간의 본성이 선하다고 말하고 다닙니다. 사람들이 옳지 못한 일을 하는 것은 본성이 악하기 때문이거나, 본성에 선의 가능성이 없어서가 아니라는 것을 강조합니다. 우리의 원래 모습은 선한데 선한 싹을 키우지 못하고 있을 뿐이라고 말합니다.

우산牛山의 나무가 일찍이 아름다웠는데, 큰 나라의 교외에 있었기 때문에 사람들이 집을 짓고 땔감으로 쓰기 위해 도끼와 자귀로 베어 내니 아름다울 수 있겠는가. 한밤중에 쑥쑥 자라고 비와 이슬이 적셔 주어 싹이 나오지만 새싹을 먹기 위해 소와 양을 또 방목시킨다. 그래서 저와 같이 민둥민둥해졌는데, 사람들이 그 민둥한 것을 보고 일찍이 재목이 있지 않았다고 여기니 이것이 어찌 산의 본성이리오.

사람에게 어찌 애초부터 인의仁義가 없었겠는가. 사람들이 양심良心을 놓아 버리는 것이 도끼와 자귀로 매일 나무를 베는 것과 같으니 아름다울 수 있겠는가. 양심은 새싹이 자라는 것과 마찬가지로 한밤중에 쑥쑥 자란다. 새벽의 맑은 기운에는 좋아하고 싫어하는 것이 사람들 사이에 차이가 거의 없다. 하지만 한낮의 행위가 양심을 어그러트린다. 어그러트리는 것이 반복되면 야기夜氣가 보존될 수 없고, 야기가 보존되지 않으면 금수와의 거리가 멀지 않다. 사람들이 금수와 같은 것을 보고 일찍이 훌륭한 재질이 있지 않았다고 하니, 이 어찌 사람의 원래 모습이겠는가.

그러므로 잘 길러 주면 자라지 않는 사물이 없고, 길러 주지 않는데 사라지지 않는 사물이 없다. 그래서 공자는 "붙잡으면 보존되고 놓아 버리면 잃는다. 들고 나는 것이 정해진 때가 없으니, 그 방향을 알지 못하는 것은 오직 마음의 말함이다." 라고 하셨다.

雖存乎人者, 豈無仁義之心哉. 其所以放其良心者, 亦猶斧斤之於木也, 且
수존호인자 기무인의지심재 기소이방기양심자 역유부근지어목야 단
旦而伐之, 可以爲美乎. 其日夜之所息, 平旦之氣, 其好惡與人相近也者幾
단이벌지 가이위미호 기일야지소식 평단지기 기호오여인상근야자기
希.
희

<고자 상> 8

우리의 원래 모습은 늠름한 아름드리나무들과 꽃들로 가득 찬 산과 같이 아름답다고 맹자는 주장합니다. 맹자가 우리의 선한 본성을

나무가 가득 찬 산에 비유한 것은 선한 본성이 나무처럼 자라나는 것임을 말하기 위함입니다.

사람들이 나무를 베어 내는 것은 이미 실천하고 있는 착한 행동을 부질없다고 여기는 것을 상징하고 있습니다. 그런 사람은 이제 남을 돕기보다는 남의 것을 빼앗는 것이 이익이라고 여길 것입니다. 그리하여 남아 있는 선의 작은 싹마저 없애 버리는 것이 마치 조그만 싹이라도 나면 소와 양을 방목하여 뜯어먹게 하는 것과 같다는 것입니다.

아무리 소와 양이 풀을 뜯어먹어도 새로운 싹이 계속 돋아나듯, 우리의 선한 본성도 계속해서 싹을 틔웁니다. 그러나 싹은 그냥 돋아나는 것이 아니라 비와 이슬과 한밤중의 기운이 있어야 합니다. 우리 또한 본성이 착하다고 하여 저절로 선행을 하는 것은 아닙니다. 한밤중과 새벽의 맑은 기운을 통해 양심을 길러야만 합니다. 만물도 길러 주지 않으면 있을 수 있는 것이 없는데, 하물며 사람의 본성이야 말할 것도 없습니다.

만물을 길러 주는 것은 해와 달과 바람과 구름이지만, 우리의 본성을 기르는 것은 바로 우리 자신입니다. 그래서 본성을 기르는 수양이 필요한데, 그 수양 가운데 하나가 1부에서 말한 호연지기를 키우는 것입니다. 야기와 새벽의 맑은 기운을 유지해서 낮의 모든 행동을 양심에 따라 하는 것이 호연지기를 키우는 방법 가운데 하나입니다.

03
차마 하지 못하는 마음

사지를 쓰지 않으면 몸을 해치듯

앞 장에서 고자와 펼친 논쟁을 통해 맹자의 입장을 살펴보았습니다. 남의 주장을 비판하면 그 과정에서 자신의 주장을 선명하게 할 수 있습니다. 그러나 다른 주장을 비판하려면 자신의 주장이 정립되어 있어야만 합니다. 맹자 또한 자신의 주장이 정립되어 있었기에 고자와 논쟁이 가능했던 것입니다. 여기서는 맹자가 성선설을 주장하는 근거가 무엇인지 살펴보기로 하겠습니다.

사람은 모두 '사람을 차마 해치지 못하는 마음(불인인지심不忍人之心)'이 있다. 선왕이 불인인지심이 있어서 '사람을 차마 해치지 못하는 정치(불인인지정不忍人之政)'를 할 수 있으셨다. 불인인지심으로써 불인인지정을 하면, 천하를 다스리는 것이 손바닥 위에 놓고 움직이는 것과 같이 쉬울 것이다.

사람들이 불인인지심을 가지고 있다고 말하는 까닭은 다음과 같다. 지금 사람들이 네 발로 기는 어린아이가 갑자기 우물로 들어가려는 것을 보면 모두 두렵고 놀라며 측은한 마음이 든다. 그런 마음이 드는 것은 어린아이의 부모와 친분을 맺기 위함도 아니고, 마을의 친구들에게 잘했다고 칭찬을 듣기 위해서도 아니며, 구하지 않았다는 나쁜 소리를 싫어해서도 아니다.

이로 보면 측은한 마음이 없다면 사람이 아니며, 악을 부끄러워하고 미워하는(수오羞惡) 마음이 없으면 사람이 아니며, 사양하는 마음이 없으면 사람이 아니며, 옳고 그름을 가리는(시비是非) 마음이 없으면 사람이 아니다. 측은한 마음은 인仁의 실마리(端)이고, 수오의 마음은 의義의 실마리이고, 사양의 마음은 예禮의 실마리이고, 시비의 마음은 지智의 실마리이다.

사람이 이 네 가지 실마리를 갖고 있는 것은 사지四肢를 갖고 있는 것과 같다. 이 네 가지 실마리가 있으면서 인의예지를 실천할 수 없다고 하는 자는 스스로를 해치는 자요, 자신의 군주는 인의예지를 실천할 수 없다고 말하는 자는 군주를 해치는 자이다.

人皆有不忍人之心. 先王有不忍人之心, 斯有不忍人之政矣. 以不忍人之
인 개 유 불 인 인 지 심 선 왕 유 불 인 인 지 심 가 유 불 인 인 지 정 의 이 불 인 인 지
心, 行不忍人之政, 治天下可運之掌上. 所以謂人皆有不忍人之心者, 今人
심 행 불 인 인 지 정 치 천 하 가 운 지 장 상 소 이 위 인 개 유 불 인 인 지 심 자 금 인
乍見孺子將入於井, 皆有怵惕惻隱之心. 非所以內交於孺子之父母也也, 非
사 견 유 자 장 입 어 정 개 유 출 척 측 은 지 심 비 소 이 내 교 어 유 자 지 부 모 야 비

所以要譽於鄕黨朋友也, 非惡其聲而然也. 由是觀之, 無惻隱之心, 非人
소 이 요 예 어 향 당 붕 우 야   비 오 기 성 이 연 야   유 시 관 지   무 측 은 지 심   비 인
也, 無羞惡之心, 非人也, 無辭讓之心, 非人也, 無是非之心, 非人也. 惻隱
야   무 수 오 지 심   비 인 야   무 사 양 지 심   비 인 야   무 시 비 지 심   비 인 야.   측 은
之心, 仁之端也, 羞惡之心, 義之端也, 辭讓之心, 禮之端也, 是非之心, 智
지 심   인 지 단 야   수 오 지 심   의 지 단 야   사 양 지 심   예 지 단 야   시 비 지 심   지
之端也. 人之有是四端也, 猶其有四體也. 有是四端而自謂不能者, 自賊者
지 단 야.   인 지 유 시 사 단 야   유 기 유 사 체 야   유 시 사 단 이 자 위 불 능 자   자 적 자
也, 謂其君不能者, 賊其君者也.
야   위 기 군 불 능 자   적 기 군 자 야

〈공손추 상〉 6

맹자가 사람의 본성이 착하다고 주장하는 근거로 가장 잘 알려진
예화입니다. 아무리 남의 것을 빼앗는 산적이라도 사리 분별이 없는
어린아이가 우물로 기어들어가고 있는 것을 보면 달려가서 구합니다.
흉악한 산적이 왜 아이를 구하는 것일까요? 아이를 구했다고 해서 재
물이 생기는 것도 아닙니다. 아이의 부모에게 아이 목숨 값을 받기 위
해 뛰어간 것도 아닙니다. 착한 산적이라는 말을 듣기 위해서도 아니
며, 나쁜 산적이라는 비난이 싫어서 구하는 것도 아닙니다.

그렇다면 왜 구하는 것일까요? 가장 정확한 대답은 '그냥'입니다.
더 정확하게 답하면 마음이 움직여서입니다. 바로 '그 마음', 차마 눈
뜨고 못 보겠다는 마음, 불쌍하고 안타깝게 여기는 마음이 흉악한 산
적이 몸을 날려 아이를 구하게 하는 것입니다.

맹자는 산적에게도 있는 그 마음을 측은, 수오, 사양, 시비 네 가지
로 크게 나누었습니다. 이것을 사단四端이라고 하며, 사단으로부터 인

의예지라는 사덕四德이 나온다고 합니다. 마음에 사단이 있는 것은 몸에 사지가 있는 것과 같습니다. 사지는 몸이고 사단은 마음입니다. 사지만 있고 사단이 없으면 짐승입니다. 사람은 사지만 있는 것이 아니라 사단도 있습니다. 사지가 있으면서 움직일 수 없다고 하는 것이 있을 수 없는 것처럼, 사단이 있는데 인의예지를 실행하지 못한다고 하는 것도 있을 수 없는 일입니다.

사지를 움직이지 않는 것이 몸을 해친다면, 사단을 쓰지 않는 것은 마음을 해칩니다. 내가 인의예지를 실천하지 못한다고 하는 것은 자기 자신의 마음을 해치는 것이고, 임금이 인의예지를 실천하지 못한다고 하는 것은 임금의 마음을 해치는 것입니다. 임금의 마음이 상처를 받으면 그 나라의 백성에게 막대한 해가 미칠 것은 당연합니다. 한 사람에게 마음은 개인의 문제이기도 하지만, 사회 전체의 문제이기도 한 것입니다.

우물에 빠진 아이를 구하는 까닭

여기서 다시 산적에게로 가 봅시다. 산적이 아이를 구한 것은 아이를 구해야 한다고 배웠기 때문에 그런 것이 아닙니다. 아이를 구하고 나서 부모에게 아이의 몸값을 달라고 하건 친구들에게 자랑을 하건 간에 그것은 아이를 '구하고 난 후'의 일입니다. 그런 생각을 하고 난 다음에 우물로 기어가는 아이를 구한 게 아닙니다. 배운 것도 없고 판단 능력도 좋지 못했을 것이 분명한 산적이 아이를 구해야 한다는 생각으로 달려가는 까닭을 맹자는 다음과 같이 말합니다.

사람이 배우지 않고도 할 수 있는 것이 양능良能이고, 생각하지 않고도 알 수 있는 것이 양지良知다. 손을 잡아 주어야 일어서는 어린아이도 그 어버이를 사랑할 줄 모르는 이가 없으며, 자라서는 형을 공경할 줄 모르는 이가 없다. 어버이를 친애하는 것이 인仁이고, 어른을 공경하는 것이 의義다. 인의는 특별한 것이 아니라 천하에 공통된 것이다.

人之所不學而能者, 其良能也. 所不慮而知者, 其良知也. 孩提之童, 無不
인지소불학이능자 기양능야 소불려이지자 기양지야 해제지동 무부
知愛其親也, 及其長也, 無不知敬其兄也. 親親, 仁也. 敬長, 義也. 無他,
지애기친야 급기장야 무부지경기형야 친친 인야 경장 의야 무타
達之天下也.
달지천하야

〈진심 상〉 15

산적은 배우지 않아도 아이를 구해야 한다는 것을 알았고, 생각하지 않고도 아이를 구해야 한다는 것을 알았습니다. 배우지 않아도 할 수 있고 생각하지 않고도 알 수 있는 양지양능은, 세상에 대한 지식이나 돈을 버는 경제 활동을 뜻하는 것이 아닙니다. 양지양능은 도덕적인 지식과 도덕을 실천하는 능력을 말합니다.

무엇이 선이고 무엇이 악인지는 배우지 않아도 알며, 선을 행하고 악을 행하려 하지 않으려는 능력도 저절로 부여된 것입니다. 손을 잡아 주어야 겨우 일어날 수 있는 어린아이가 부모를 사랑할 줄 아는 것

은 배워서 그런 것이 아니며, 아이가 자라서 형을 공경하는 것도 시켜서 그런 것이 아닙니다. 부모를 사랑하는 것은 인仁의 시작이고, 형을 공경하는 것은 의義입니다. 따라서 우리에게는 선천적으로 인의仁義가 부여되어 있습니다. 산적에게도, 어린아이에게도 있는, 그래서 온 세상의 모든 사람에게 공통된 본성이 바로 인의인 것입니다.

맹자는 태어나면서 부여된 인의를 하늘이 준 벼슬이라고 말합니다.

하늘이 내리는 벼슬(천작天爵)이 있고 사람이 주는 벼슬(인작人爵)이 있다. 인의와 충신忠信을 실천하고 선을 즐기기를 게을리하지 않는 것이 천작이고, 공경대부公卿大夫는 인작이다.

옛 사람은 천작을 잘 닦아 저절로 인작이 따라왔다.

지금 사람은 천작을 닦아 인작을 요구하고, 인작을 얻으면 천작을 버린다. 이것은 의혹이 심한 것으로서 끝내는 인작조차 잃을 것이다.

有天爵者, 有人爵者. 仁義忠信, 樂善不倦, 此天爵也. 公卿大夫, 此人爵
유천작자 유인작자 인의충신 낙선불권 차천작야 공경대부 차인작
也. 古之人修其天爵, 而人爵從之. 今之人修其天爵, 以要人爵. 旣得人爵,
야 고지인수기천작 이인작종지 금지인수기천작 이요인작 기득인작
而棄其天爵, 則惑之甚者也, 終亦必亡而已矣.
이기기천작 즉혹지심자야 종역필망이이의

〈고자 상〉 16

진정한 벼슬은 사람이 주는 것이 아니라 하늘이 주는 것입니다. 사람이 주는 벼슬은 특별한 사람에게만 한정되어 부여되지만, 하늘이 주는 벼슬은 모든 사람에게 부여됩니다. 하늘이 준 벼슬은 인의예지

이고, 사람이 주는 벼슬은 공경대부입니다.

하늘이 준 인의예지를 실천하는 사람에게 사회의 지도자 자격이 주어져야 합니다. 그래서 좋은 시절의 공경대부는 인의예지를 실천하는 사람들을 뜻했습니다. 그러나 혼란한 시절의 공경대부는 인의예지를 버립니다. 인의예지를 실천하는 사람과 공경대부가 같은 사람이라면 그런 사회는 행복한 사회일 것입니다.

사람은 누구나 공경대부와 같이 높은 지위에 오르기를 원합니다. 그러나 인의예지를 버리고 공경대부가 되어서는 안 됩니다. 공경대부를 가볍게 여기고 인의예지를 무겁게 여길 줄 아는 사람이 자신에게 부여된 본성을 잘 발현하는 사람입니다. 그런 사람이 진정한 사람, 사람다운 사람인 대장부인 것입니다.

04
인간의 본성은
무엇인가

하늘과 짝하는 인간의 사명

동물에게는 생물적 삶을 꾸려 나가기 위한 본능이 있는데, 그런 본능을 인간의 성性이라고 볼 것인가 아닌가에 대한 첨예한 입장 차이가 있습니다. 맹자의 성선설은 동물적 본능을 성으로 보는 것에 대해, 인간과 동물의 차이를 무시하고 인간의 존엄성과 선의 실현 가능성을 부정하는 것이라고 맹렬히 비판합니다. 맹자의 이런 관점은 뒤에 유가 사상을 이론적으로 체계화한 성리학에 의해 계승됩니다. 성리학에서는 인간은 하늘로부터 천지자연의 모든 이치를 부여받아 성을 갖춘다고 봅니다. 인간을 천지자연과 함께 이치를 실현할 주체로 승격시킨 것입니다. 하늘과 함께 만물을 기르는 능력과 사명을 인간의 성이라고 보았습니다.

반면 '살아가는 그 자체가 성'이라고 보는 고자의 성무선악설이나, 인간의 본성을 악이라고 보는 순자의 성악설은 생물적 본능을 성으로 보고 있다고 할 수 있습니다. 고자는 '식욕과 성욕이 인간 본성의 전부'라고 하여, 자신의 삶을 유지하고자 하는 식욕과 자신의 후손을 퍼트리려는 성욕을 본성으로 보고 있습니다. 그리고 순자는 추우면 따뜻한 것을, 배고프면 먹을 것을, 피곤하면 쉴 것을 찾는 것이 인간의 본성이라고 하는데 이런 것들은 동물과 차별이 없는 것입니다.

그런데 고자나 순자가 동물적 본능을 인간의 성으로 본다고 해서 동물적 본능이 인간 사회에서 권장되거나 방임되는 것에 동의하는 것은 아닙니다. 동물적 본능이 인간 사회를 지배하는 것을 정당화하는 논리가 된다면 인간에게는 동물적 본능만 남을 뿐입니다. 그래서 고자나 순자도 동물적 본능의 절제와 통제를 말할 수밖에 없는 것입니다.

결국 선악의 문제는 욕망과 욕구를 어떻게 처리할 것인가의 문제이며, 거기에서 인간의 성에 대한 여러 논의와 분파가 생깁니다.

사랑할 수밖에 없는, 사랑해야 하는

인성론에는 성선설(맹자), 성악설(순자), 성무선악설(고자), 성선악혼재설(양웅), 성삼품설(왕충), 본성은 선악으로 빗대어 설명할 수 없다는 입장(노자, 장자) 등이 있습니다. 모두 성에 대해 다른 주장을 하고 있지만, 악을 없애고 선을 행할 수 있는 방법을 찾고 있다는 것은 같습니다.

성선설은 어떻게 성의 선한 면을 드러내느냐에 주안점이 있습니다. 만약 선한 성을 드러낸다면 욕망과 욕구도 자연스럽게 선으로 향할 것이라고 봅니다.

성악설은 사람이 태어날 때부터 지니고 있는 본능을 성이라고 보기에 성을 악이라고 여기며, 선은 인위적 노력의 결과라고 봅니다. 따라서 어떻게 욕정과 욕구를 억제하느냐가 관건입니다.

성무선악설은 후천적인 환경에 의해 선과 악이 정해진다고 봅니다. 그렇지만 환경의 지배를 받는 것을 당연시하는 것이 아니라 욕구와 욕망을 절제함으로써 선을 이루어야 한다고 주장합니다.

성악설과 성무선악설의 공통점은 선이 인위적 노력의 결과라고 보는 것입니다. 그리고 본능적 욕망이 성이라고 하더라도, 본능적 욕망이 장려될 수 없다는 데에도 인식을 같이합니다.

선악혼재설은 성은 선과 악, 두 가지가 섞여 있는 것이기에 선한 면을 닦으면 착한 행동을 하고 악한 면을 드러내면 나쁜 행동을 한다고 봅니다. 따라서 악한 면을 억누르고 선한 면을 고양시켜야 한다는 것인데, 결국은 결과에 따라 선악이 결정된다는 입장에 가깝습니다.

성삼품설은 사람에 따라서 성이 다르다고 봅니다. 상품의 사람은 선하고, 중품의 사람은 욕망과 욕구를 어떻게 조절하느냐에 따라 선을 행할 수 있고, 하품의 사람은 욕정과 욕구에 따라 행동하여 결국은 악에서 헤어날 수 없다는 것입니다. 이 논리는 사회적 신분만이 아니라 본성까지도 구분하여 도덕을 계층화시킨다는 지적을 피할 수 없습니다.

본성은 선악으로 빗댈 수 없다는 주장은, 인위적 행위를 모두 부정하고 무위자연의 세계를 선이라고 보고 있습니다. 사실상 이 주장은 성선설과 유사하지만, 욕망을 철저하게 부정한다는 면에서 유가의 성선설과 차이가 있습니다.

성악설과 성무선악설은 현실적 악을 설명하기에 쉽습니다. 그러나 두 주장의 초점은 본성대로 행동하지 말라는 데 있습니다. 인간이 동물과 본성은 다르지 않지만, 본성을 제어하고 조절할 때 동물성을 벗어나 인간일 수 있다는 것입니다.

성선설은 인간 존엄성과 도덕 실현의 가능성을 선천적으로 규정하고 있는 장점이 있습니다. 본성이기 때문에 지위 고하와 동서고금의 차이 없이 모든 사람에게 선행의 가능성을 열어두는 매우 낙관적인 면이 있습니다. 그렇지만 선의 가능성이 본성으로 주어진 것이지, 선한 행위 자체가 주어진 것이 아니기 때문에 선한 행위를 하기 위해 노력해야 함은 당연합니다. 성선설의 입장에서 보면 인간의 본성은 '사랑하도록, 사랑할 수밖에 없는, 사랑해야만 하는 것'이라고 할 수 있습니다.

3부

왕 노릇은
즐거움도 아니다

01
군자는 하루아침의
걱정이 없다

우리는 앞에서 맹자의 성선설에 대해 살펴보았습니다. 모든 사람에게는 '남에게 차마 하지 못하는 마음'이 있으며, 그 불인인지심이 측은, 수오, 사양, 시비의 감정을 갖게 하여 인의예지의 선행을 실천할 수 있게 한다는 것이 성선설의 내용입니다. 그에 비해 고자는, 살아가려는 본능을 본성으로 보아 사람과 동물이 본성에서 차이가 없다고 주장합니다.

생물적인 삶을 위해 먹어야 하고 짝을 찾아야 하는 것에는 동물과 인간의 차이가 없습니다. 맹자가 인의를 실천하라고 강조하는 이유도 더 잘 먹기 위한 방편인지도 모릅니다. 맹자도 우리가 동물과 큰 차이가 없다는 것을 인정합니다. 그러나 인간과 동물이 차이가 없다고 보는 것과 작지만 차이가 있다고 보는 것은 큰 차이입니다. 동물과 차이가 없다고 한다면 우리는 동물적 삶만을 살아야 합니다. 그러나 작은 차이가 있다면, 그 작은 차이가 인간과 동물을 구분하는 결정적 차이가 됩니다. 그런데 대부분의 사람들은 차이가 작다고 하여 무시하고 맙니다. 그 작은 차이를 붙들고 있는 사람이 바로, 사람다운 사람인 군자입니다.

사람이 금수와 다른 것은 거의 차이가 없으나, 보통 사람들은 그것을 버리고 군자는 그것을 보존한다.

人之所以異於禽獸者幾希, 庶民去之, 君子存之.
인 지 소 이 이 어 금 수 자 기 희 서 민 거 지 군 자 존 지

〈이루 하〉 19

대인은 어린아이의 마음을 잃지 않는다.

大人者, 不失其赤子之心者也.
대 인 자 불 실 기 적 자 지 심 자 야

〈이루 하〉 12

맹자의 이 말에 따르면 인간다움을 잃지 않는 사람이 군자입니다. 먹어야 하고, 쉬어야 하고, 짝을 찾아야 하는 것은 보통 사람과 군자의 차이가 없습니다. 그러나 먹고, 쉬고, 짝을 찾는 것에 그치는 것이 아니라 인간다움을 지키는 사람이 군자입니다. 동물과 사람이 생물적인 면에서 차이가 거의 없는 것처럼, 보통 사람과 군자도 인간적인 삶에서는 거의 차이가 없습니다. 다만 타고난 본성이 선하다는 것을 잃었느냐 잃지 않았느냐의 차이일 뿐입니다.

어린아이의 마음은 태어날 때부터 가지고 나오는 순수한 마음을 말합니다. 어린아이는 자신에게 이익이 되느냐 아니냐를 따지기 이전에 어버이를 따르고, 형과 동생을 아낍니다. 그런데 우리는 자라면서 자신의 이익과 쾌락을 쫓느라고 순수한 마음을 잃어버립니다. 순수한 마음은 자신에게 주어진 사랑의 마음입니다. 순수한 사랑의 마음이 본성입니다. 본성을 잃지 않고 지키는 것은 바로 사랑하고 공경하는 것입니다.

군자가 보통 사람과 다른 바는 마음을 두고 있기 때문이다. 군자는 인을 마음에 두며, 예를 마음에 둔다. 인을 마음에 둔 사람은 남을 사랑하고, 예를 마음에 둔 사람은 다른 사람을 공경한다. 남을 사랑하는 사람은 남들이 항상 그를 사랑해 주며, 남을 공경하는 사람은 남들이 항상 그를 공경해 준다.

여기 어떤 사람이 있는데 그가 나를 도리에 맞지 않게 대한다면 군자는 반드시 '내가 반드시 인하지 않았고, 예가 없었나 보다. 일이 어찌 이렇게 되었을까.' 하고 스스로를 돌이켜 반성한다.

스스로 돌이켜보아 인하였고 예가 있었는데도 도리에 맞지 않게 대하는 것이 마찬가지라면 군자는 반드시 '내가 성실하지 못했나 보다.'라고 또 스스로를 돌이켜 반성한다.

자신을 스스로 돌이켜보아 성실했는데도 도리에 맞지 않게 대하는 것이 그대로라면 군자는 '이 사람은 헛된 사람일 뿐이로다!'라고 한다. 상대방에게 정성으로 인과 예로써 대했는데도 여전히 상대방이 도리에 맞지 않게 대한다면 금수와 어떻게 구별하겠는가. 금수를 꾸짖어서 무엇하겠는가.

그래서 군자는 평생의 걱정은 있어도 하루아침의 걱정은 없다. 군자는, '순임금도 사람이고 나 또한 사람이다. 그런데 순은 천하에 모범이 되어 후세에 전하고 있거늘 나는 시골 사람에서 벗어나지 못하고 있구나.'를 근심해야 한다. 이 근심을 해결하기 위해서는 어떻게 해야 할 것인가. 순처럼 해야 할 뿐이다. 그것 말고는 군자가 걱정해야 할 것이 없다.

인이 아니면 하지 말고, 예가 아니면 행하지 않는다. 만약 하루아침의 걱정이 생긴다고 해도 군자는 그것을 걱정하지 않는다.

是故君子有終身之憂, 無一朝之患也. 乃若所憂則有之, 舜人也, 我亦人
시고 군자 유 종신 지 우 무 일 조 지 환 야   내 약 소 우 즉 유 지 순 인 야 아 역 인
也. 舜爲法於天下, 可傳於後世, 我由未免爲鄕人也, 是則可憂也. 憂之如
야 순 위 법 어 천 하 가 전 어 후세 아 유 미 면 위 향 인 야 시 즉 가 우 야 우 지 여
何. 如舜而已矣. 若夫君子所患則亡矣. 非仁無爲也, 非禮無行也. 如有一
하 여 순 이 이 의   약 부 군 자 소 환 즉 망 의   비 인 무 위 야 비 례 무 행 야 여 유 일
朝之患, 則君子不患矣.
조 지 환 즉 군 자 불 환 의

〈이루하〉 28

인의예지의 사덕은 측은 · 수오 · 사양 · 시비의 사단으로부터 나옵니다. 그리고 사단은 내게 본성으로 주어져 있다는 것을 기억합시다. 인과 예를 마음에 두고 잃지 않는 사람은 다른 사람을 인과 예로 대합니다. 내가 다른 사람을 사랑하고 공경해 준다면, 그 사람도 나를 사랑하고 공경해 줄 것입니다. 모든 사람이 모든 사람을 사랑과 공경으로

대한다면, 그런 사회가 바로 모든 사람이 바라는 사회일 것입니다.

내가 사랑과 공경으로 대해도 나를 무시하고 무례하게 대한다면 먼저 그 원인을 스스로에게서 찾아야 합니다. 자신을 사랑으로 대하면 상대방도 사랑으로 대해 주는 것이 사람입니다. 왜냐하면 사람에게는 사랑의 씨앗인 측은지심이 있기 때문입니다. 상대방이 나를 사랑해 주지 않는 것은 그에게 사랑의 씨앗인 측은지심이 없기 때문이 아니라, 내가 그를 사랑해 주지 않아 그 마음이 드러나지 않았기 때문일 가능성이 높습니다.

그렇지만 내가 진심으로 상대방을 사랑하고 공경했는데도 상대방이 여전히 나를 공경하지 않고 무례하게 대한다면, 그런 사람은 이미 사람이 아니라고 할 수 있습니다. 자신에게 주어진 선한 본성을 포기했다면 짐승과 다를 것이 없기 때문입니다. 짐승을 깨우쳐 사람으로 만들 수는 없습니다.

이제 사람으로서 진정으로 염려할 것이 무엇인지 명확해졌습니다. 어떻게 사람다운 사람이 되느냐 하는 것이 평생을 두고 걱정해야 할 것이고, 무엇을 먹고 입을 것이냐는 순간적인 근심일 뿐입니다. 순간적인 근심에 빠져 평생을 두고 해야 할 걱정을 잊는다면 스스로 짐승과의 차이를 좁히는 것과 같습니다.

가난도 마음을 빼앗지 못한다

순도 사람이고 맹자도 사람이고 나도 사람입니다. 순이나 맹자나 나는 똑같은 본성을 부여받았습니다. 순은 본성을 발휘한 사람이고, 맹자는 순과 같이 되기를 근심했습니다. 나도 본성을 발휘하면 순이고, 순과 같이 되기를 근심한다면 맹자입니다. 순과 맹자와 나는 같은 사람입니다. 그런데 내가 순이나 맹자가 되지 못하는 이유는 무엇일까요?

공도자 : 다 똑같은 사람인데 누구는 대인이 되며 누구는 소인이 되는 것은 어째서입니까?

맹자 : 대체大體를 따르면 대인이 되고 소체小體를 따르면 소인이 되는 것이다.

공도자 : 다 똑같은 사람인데 누구는 대체를 따르고 누구는 소체를 따르는 까닭은 무엇인가요?

맹자 : 눈과 귀 같은 감각기관은 사유 능력이 없어, 사물에 가려져 그것에 끌려갈 뿐이다. 마음이라는 기관은 사유 능력이 있다. 생각하면 얻을 수 있고 생각하지 않으면 얻지 못한다. 이것은 하늘이 나에게 부여해 준 것이니, 큰 것을 먼저 세우면 작은 것이 그것을 빼앗을 수 없다. 이것이 대인이 되는 까닭이다.

耳目之官不思, 而蔽於物, 物交物, 則引之而已矣. 心之官則思, 思則得之,
이 목 지 관 불 사　이 폐 어 물　물 교 물　즉 인 지 이 이 의　심 지 관 즉 사　사 즉 득 지
不思則不得也. 此天之所與我者, 先立乎其大者, 則其小者弗能奪也. 此爲
불 사 즉 부 득 야　차 천 지 소 여 아 자　선 입 호 기 대 자　즉 기 소 자 불 능 탈 야　차 위
大人而已矣.
대 인 이 이 의

<고자 상> 15

　사람은 다 같은 사람입니다. 육체를 부여받았고 마음을 부여받았
습니다. 그런데 짐승에 가까운 사람이 있고, 사람다운 사람도 있습니
다. 짐승과 가까운 사람이 될 가능성도 하늘로부터 부여받은 것이고,
사람다운 사람이 될 가능성도 하늘이 준 것입니다.

　눈과 귀 같은 육체의 기관은 각각 맡은 역할이 있습니다. 눈은 보는
것, 귀는 듣는 것이 자신의 역할입니다. 그렇지만 보고 듣기만 할 뿐입
니다. 보고 듣는 것은 짐승도 합니다. 보고 듣는 능력은 인간보다 짐
승이 더 뛰어납니다. 보고 듣는 것만을 좇는 것은 짐승의 일입니다.
물론 사람도 보고 들어야 합니다. 그렇지만 보고 듣는 것에 사람의 특
징이 있는 것이 아닙니다. 사람다운 사람의 가능성은 보고 듣는 것에
있는 것이 아니라 마음에 있습니다. 왜냐하면 마음에는 인과 예가 들
어 있기 때문입니다. 인과 예를 실현하면 사람다운 사람이 됩니다.

　눈과 귀 같은 것도 나를 이루는 요소이기에 몸(體)은 분명하지만 작
은 몸(小體)입니다. 한편 마음은 형체는 없지만 나를 이루는 큰 몸(大體)
입니다. 작은 몸을 버리고 살아갈 수는 없지만, 작은 몸만을 위해 사는
것은 짐승과 차이가 없습니다. 작은 몸이 큰 몸을 따르게 하는 것이 사

람의 삶입니다. 큰 몸을 쫓는 사람이 바로 대인입니다. 대인은 자신에게 주어진 인의를 따라 살기 때문에 소체를 먹여 살리는 부귀와 명예에 흔들리지 않습니다.

경춘 : 공손연과 장의가 어찌 진정한 대장부가 아니겠습니까. 그들이 한 번 노하면 제후들이 두려워하고, 그들이 조용히 있으면 천하가 조용해집니다.

맹자 : 그 어찌 대장부가 되겠는가. 자네는 예禮도 공부하지 않았는가? 장부가 관례를 할 때는 아버지가 말씀을 내리시고, 여자가 시집갈 때는 어머니가 말씀을 내리신다. 시집으로 갈 때 문에서 배웅하면서, "시집에 가서 반드시 공경하고 반드시 경계하여 남편의 뜻을 거스르지 마라."라는 경계의 말을 하니 아녀자는 순종을 바른 길로 삼는 것이다.

천하의 넓은 집에 거처하며 천하에 바른 자리에 서며 천하의 큰길을 따라감에, 뜻을 얻으면 백성과 더불어 도를 행하고 얻지 못하면 홀로 그 도를 실행한다. 부귀가 마음을 방탕하게 할 수 없으며 빈천이 마음을 빼앗지 못하며 위협과 압력으로도 굴복시키지 못하는 그런 것을 일러 대장부라고 한다.

居天下之廣居, 立天下之正位, 行天下之大道. 得志與民由之, 不得志獨行
거천하지광거 입천하지정위 행천하지대도 득지여민유지 부득지독행
其道. 富貴不能淫, 貧賤不能移, 威武不能屈, 此之謂大丈夫.
기도. 부귀불능음 빈천불능이 위무불능굴 차지위대장부

〈등문공 하〉 2

권력을 쥐고, 부귀를 누리며, 백성을 부리는 지위에 앉아 있는 사람이 대장부가 아닙니다. 부당한 권력에 저항하고, 부귀에 연연하지 않으며, 백성을 보살피는 사람이 대장부입니다.

제후들을 설득하고 협박하여 전쟁을 일으키거나 중지시키는 힘을 가진 종횡가의 유세가들은 천하를 떨게 할 수도 있습니다. 그들이 세치 혀를 어떻게 놀리느냐에 따라 전쟁을 불러오기도 하고, 평화가 오기도 하기 때문입니다. 사람들은 천하를 쥐고 흔드는 그런 사람을 대장부라고 부르고자 합니다. 그런데 맹자는 그런 사람들을 대장부라고 부르지 않습니다. 아니, 아녀자라고 부릅니다.

아녀자는 남편을 따르는 길을 가야 한다고 생각했습니다. 남을 따라가는 것은 아녀자의 길입니다. 아녀자는 순종의 길을 갑니다. 종횡가들이 제후들의 이익을 위해 봉사하는 것은 아녀자가 지아비를 위해 복무하는 것과 다름없다고 맹자는 꾸짖는 것입니다.

종횡가의 유세가들은 제후의 이익을 위해 힘써 주는 대신에 넓은 집에 살며, 높은 지위를 누립니다. 그런데 그 집과 지위는 자신의 것이 아니라 제후의 힘을 빌린 것에 불과합니다. 진정한 집은 나의 마음에 있는 인이고, 내가 있어야 할 곳은 예이며, 가야할 길은 의입니다. 인·예·의를 실천하는 사람은 인·예·의를 다른 사람에게 베풀기 마련입니다. 다른 사람에게 베풀 상황이 아니라면 인·예·의를 마음에 간직합니다. 그런 사람은 부귀, 빈천, 권위와 압력에 흔들리지 않습니다. 자신의 집, 자신이 설 자리, 자신이 가야 할 길이 있기 때문입니다.

허물을 감추지 마라

대인은 인·예·의를 잃지 않고 간직할 뿐만 아니라, 남에게 인·예·의를 미루어 베풉니다. 남에게 베풀기 위해서는 자신에게 허물이 없어야 합니다. 그래서 군자는 늘 자신에게 허물이 있는지 없는지를 돌아봅니다.

옛날의 군자는 허물이 있으면 그것을 고치려고 했다. 지금 사람은 허물이 있어도 그것을 그대로 따른다. 옛날 군자의 허물은 마치 일식이나 월식과 같이 환하게 드러나 백성들이 모두 그것을 보았고, 그 허물을 고침에 미쳐서는 백성들이 모두 우러러보았다. 지금 군자는 어찌 허물을 따를 뿐이겠는가. 또 허물을 따르고도 변명을 한다.

且古之君子, 過則改之. 今之君子. 過則順之. 古之君子, 其過也, 如日月
차고지군자 과즉개지 금지군자 과즉순지 고지군자 기과야 여일월
之食, 民皆見之, 及其更也, 民皆仰之. 今之君子, 豈徒順之, 又從而爲之
지식 민개견지 급기경야 민개앙지 금지군자 기도순지 우종이위지
辭.
사

〈공손추 하〉 9

허물이 없는 사람은 없습니다. 허물이 있는 것이 허물이 아니라, 허물을 숨기려고 하는 것이 허물입니다. 허물을 고치기 위해서는 일식, 월식과 같이 밖으로 분명하게 드러내야 합니다. 허물을 숨겨 두면 같은 잘못을 되풀이합니다. 잘못을 되풀이하는 사람은, 어쩔 수 없었다

든가 자신의 잘못이 아니라는 변명을 합니다.

보통 사람도 허물이 있고 군자도 허물이 있습니다. 보통 사람은 자신의 허물을 감추고 군자는 자신의 허물을 드러냅니다. 보통 사람은 허물을 감추기에 같은 잘못을 되풀이하고, 군자는 자신의 허물을 드러내기에 잘못을 되풀이하지 않을 뿐입니다. 그래서 보통 사람은 자신의 잘못을 지적하면 기분 나빠하고, 군자는 자신의 허물을 지적해 주면 기뻐합니다.

자로는 다른 사람이 자신의 허물을 말해 주면 기뻐했다.

우임금은 좋은 말을 들으면 상대방에게 절했다.

순임금은 그것보다 더 위대하다. 다른 사람과 함께 선善을 행했으며 사사로움을 버리고 남을 따랐으니, 다른 사람에게 취해서 선을 행하시는 것을 좋아하셨다. 농사짓고 도자기 굽고 물고기를 잡으며 살 때부터 황제에 이르기까지 다른 사람에게서 선을 취하지 않은 것이 없다.

다른 사람에게서 선을 취하는 것은 바로 다른 사람이 선을 행하도록 하는 것이다. 그래서 군자는 다른 사람이 선을 행하도록 도와주는 것을 가장 좋아한다.

〈공손추 상〉 8

보통 사람은 자신의 허물을 지적해 주는 사람을 싫어하지만, 군자는 그런 사람에게 고맙다고 절을 합니다. 허물을 지적해 주는 것은 자신에게 허물을 고칠 기회와 계기를 주는 것이기 때문입니다. 내가 선행을 할 수 있는 것은 남의 지적에 힘입는 바가 큽니다. 나의 옳지 못함을 고집하지 않고, 남의 지적에 귀 기울이는 것을 남에게서 선을 취한다고 합니다. 그런데 선을 남에게서 취한다는 것은, 거꾸로 생각하면 남을 선하게 하는 것이기도 합니다. 나의 잘못을 남이 지적해 주었다면, 나의 잘못을 지적해 준 남은 나의 잘못을 잘못으로 알고 있다는 것이 됩니다. 따라서 그 사람은 내가 하는 잘못을 하지 않을 것입니다. 따라서 나의 잘못을 지적받아 고친다는 것은 남에게도 선행을 장려하는 것과 다름없습니다. 그래서 군자는 자신의 잘못 고치기를 좋아하며 나아가 남과 함께 선행하기 좋아하는 것입니다. 그런 사람이 바로 대인입니다.

임금을 섬기는 자가 있으니, 임금을 섬기면 임금이 뜻을 무조건 받아들이는 자이다.

사직을 편안케 하고자 하는 신하가 있으니, 사직이 편안한 것을 기쁨으로 여기는 자이다.

하늘의 백성이 있으니 온 세상에 자신의 도가 행해질 만한 후에야 행하는 자이다.

대인이 있으니 자신을 바르게 하여 남을 바르게 하는 자이다.

〈진심 상〉 19

임금을 잘 섬기면 백성들이 편안해질 것입니다. 그렇지만 임금이 자신의 뜻을 받아 주느냐는 오직 임금에게 달렸습니다. 사직을 잘 보존하려는 사람은 임금보다 국가를 우선할 것입니다. 그러나 국가의 존망 또한 자신의 의지에 달려 있는 것이 아닙니다. 자신의 사상과 이상을 펼치는 것도 그럴 만한 환경에 의해 좌우됩니다. 그런데 자신을 바르게 하는 것은 오직 자신에게 달려 있습니다. 자신을 바르게 하는 것은 자신의 본성인 인·예·의를 실천하는 것이고, 내가 인·예·의를 실천하는 것은 남으로 하여금 인·예·의를 실천하게 만듭니다. 그래서 임금을 잘 섬기는 자도 훌륭하고, 사직(국가, 영토)을 보존케 하는 신하도 훌륭합니다. 또한 도를 간직한 사람도 훌륭하지만, 남을 선으로 인도하는 사람이 그중 가장 훌륭합니다.

02
본성과 왕을
바꾸지 않으리

　자신의 잘못 고치기를 좋아함으로써 다른 사람이 선행을 하도록 하는 군자는 사회의 스승이며 지도자입니다. 그래서 진정한 군자는 사회의 지도자가 되어야 합니다. 거꾸로 말하면 지도자는 군자의 인격을 갖추어야 한다는 말이 됩니다.

　이 때문에 오직 인자仁者만이 마땅히 높은 자리에 있어야 하니, 불인한 자가 높은 자리에 있으면 그것은 악을 대중에게 퍼트리는 것이다.

是以惟仁者宜在高位, 不仁而在高位, 是播其惡於衆也.
시 이 유 인 자 의 재 고 위　불 인 이 재 고 위　시 파 기 악 어 중 야
〈이루상〉 1

　지도자가 백성들의 먹고사는 문제를 보살피지 않는다면 백성들은 삶을 지탱해 나갈 수 없을 것입니다. 또 지도자가 도덕적이지 못하다

면 백성들은 싸움을 그치지 않을 것입니다. 백성을 굶주리게 하고 서로 싸우게 하는 것은 악을 퍼트리는 것과 같습니다.

사회의 지도자는 보통 사람들의 삶을 보살피며 손수 모범이 되어야 합니다. 삶을 보살피는 것은 먹고사는 문제를 해결하는 것이고, 모범을 보여야 할 것은 도덕입니다. 따라서 다른 사람을 지배하는 사람이 지도자가 아니라, 다른 사람의 삶을 보살피며 도덕을 실현코자 하는 사람이 지도자입니다.

토지를 넓히고 백성을 많게 하는 것은 군자가 하고자 하는 것이나 즐거움은 그곳에 있지 않다.
천하의 가운데에 서서 온 세상의 백성을 평안케 하는 것은 군자가 즐거워하는 것이나 본성은 그곳에 있지 않다.
군자의 본성은 비록 크게 행해져도 보탤 것이 없으며, 비록 궁벽하게 살더라도 뺄 것이 없으니 분수가 정해져 있기 때문이다.
군자의 본성은 인의예지가 마음에 뿌리내려 낯빛에 맑게 드러나며 등에 가득하며 온몸에 베풀어지니, 말하지 않아도 몸이 깨우쳐진다.

〈진심 상〉 21

지도자의 할 일은 백성의 먹고사는 문제를 해결해 주는 것입니다. 토지가 넓어지고 백성이 많아진다는 것은 지도자의 은택이 널리 베풀어지는 것을 상징합니다. 그러나 토지가 넓어지고 백성이 많아지는 것을 즐거움으로 삼는 것은 그것에 안주하는 군주일 뿐입니다. 그런 군주를 남을 지배하려는 자(패자覇者)라고 합니다.

군자가 즐거워하는 것은 백성들이 평안해지는 것입니다. 인자의 덕이 온 세상에 베풀어져 은혜를 입지 못하는 자가 한 명도 없는 것을 군자는 즐거워합니다. 굶주리고 헐벗은 백성이 한 명도 없는 것을 군자는 즐거워합니다. 그렇지만 그런 즐거움은 먹고사는 문제를 해결한 것일 뿐입니다.

군자가 군자인 까닭은 먹고사는 것에 있지 않습니다. 군자가 군자인 까닭은 마음속에 있는 인의예지를 실현하는 것에 있습니다. 군자의 본분은 정치, 경제적인 환경에 의해 좌우되는 것이 아닙니다. 군자가 일삼을 것은 인의에 있을 뿐입니다.

왕자 점 : 선비는 무엇을 일삼는지요?

맹자 : 뜻을 고상히 합니다.

왕자 점 : 뜻을 고상하게 한다는 것은 무엇을 말하는지요?

맹자 : 인의일 뿐입니다. 죄가 없는데 한 사람이라도 죽이는 것은 인이 아니며, 자기 것이 아닌데 그것을 취하면 의가 아닙니다. 거하는 곳이 어디여야 할까요? 인이 그것입니다. 가는 곳이 어디여야 할까요? 의가 그것입니다. 인에 거하며 의를 따르면 대인의 일이 갖추어진 것입니다.

〈진심 상〉 33

여기서의 선비(士)는 지식인 계층을 말합니다. 공경대부는 정치를 하고 농부는 농사를 짓고 상인은 장사를 하는 데 비해, 선비는 맡은 일이 없기 때문에 왕자 점이 비꼬는 투로 물은 것입니다. 선비는 정치, 농사, 장사와 같은 직무를 맡는 것이 아니라 뜻을 고상하게 하는 것을 자신의 일로 삼는다고 맹자는 대답합니다.

전국시대의 선비는 특정한 직무를 맡는 계층이 아니라 지식인을 뜻했습니다. 물론 유학뿐만 아니라 제자백가에 속한 모든 지식인을 다 선비라고 했습니다. 뜻을 고상하게 하는 것을 일삼는 것이 선비라고 한 것은 유학의 선비만을 뜻하는 것이 아니라 선비 일반에 대한 정의입니다. 그래서 왕자 점이 뜻을 고상하게 한다는 것의 의미를 다시 묻습니다. 이에 대해 맹자는 인의를 일삼는 것이라고 대답합니다. 여기에서 유학의 선비와 제자백가의 선비 간에 차이점이 드러납니다. 유학의 선비는 인의를 따르는 지식인을 말합니다. 모든 선비는 지식인입니다. 그리고 선비들 가운데 인의를 따른 자만을 대인이라고 할 수 있는 것입니다.

대인은 모든 판단 기준을 마음의 인의에 둘 뿐이지, 돈이나 권력, 지위와 명예에 두지 않습니다.

대인은 상대방이 믿을 것을 기대하고서 말을 하는 것이 아니며, 결과가 있을 것을 기대하고서 행동을 하는 것이 아니다. 오직 의義가 있는 곳으로 나아갈 뿐이다.

大人者, 言不必信, 行不必果, 惟義所在.
대인자 언불필신 행불필과 유의소재

대인의 말과 행동은 결과와 관계없습니다. 상대방의 반응과 일어날 결과를 염두에 두고 말과 행동을 한다면, 언행에 일관성이 없어집니다. 상대방의 반응에 따라 말을 하는 것은 말하는 근거를 상대방의 욕구에 두는 것입니다. 결과를 염두에 두고 행동하는 것은 행동의 근거를 결과의 좋고 나쁨에 두는 것입니다.

의가 반드시 즐겁고 행복한 결과를 가져오는 것은 아닙니다. 의는 즐거움과 괴로움의 문제, 좋고 싫음의 문제가 아니라 옳음과 그름의 문제입니다. 즐거움과 괴로움, 좋고 싫음은 선택입니다. 그러나 옳음은 반드시 실행해야 할 의무이고, 그름 또한 반드시 피해야 할 의무입니다.

그래서 군자의 즐거움은 상대방의 기호나 결과의 좋고 나쁨에 있지 않습니다. 군자는 마음속의 인의를 잘 실천하는 것에 뜻을 두고 있을 뿐입니다.

군자에게는 세 가지 즐거움이 있는데 세상의 왕 노릇 하는 것은 여기에 없다.

부모가 모두 살아 계시고 형제가 아무 탈이 없는 것이 첫째 즐거움이다.

하늘을 우러러 부끄러움이 없고 사람을 굽어보아 부끄러움이 없는 것이 둘째 즐거움이다.

천하의 영재를 얻어 교육하는 것이 셋째 즐거움이다.

군자에게는 세 가지 즐거움이 있는데 세상의 왕 노릇하는 것은 여기에
없다.

君子有三樂, 而王天下不與存焉. 父母俱存, 兄弟無故, 一樂也. 仰不愧於
군자유삼락 이왕천하불여존언 부모구존 형제무고 일락야 앙불괴어
天, 俯不怍於人, 二樂也. 得天下英才而教育之, 三樂也. 君子有三樂, 而
천 부부작어인 이락야 득천하영재이교육지 삼락야 군자유삼락 이
王天下不與存焉.
왕천하불여존언

〈진심 상〉 20

군자는 세속의 명예와 권력에 연연하지 않습니다. 세속에서의 최
고 지위인 왕조차 군자에게는 즐거움으로 여겨지지 않습니다. 군자가
즐거움으로 삼는 것은 도덕적으로 떳떳한 것, 나와 가까운 사람이 건
강한 것, 그리고 진리를 후세에 전하는 것에 있습니다.

부모가 모두 살아 계시고 형제가 아무 탈이 없기를 모든 사람이 바
라지만, 그 바람이 쉽게 이루어지지는 않습니다. 부모는 언젠가는 돌
아가실 것이고, 형제는 이런저런 어려움을 겪을 것이기 때문입니다.
부모형제가 무탈한 즐거움을 얻을 수 있느냐의 관건은 내가 아니라
하늘의 뜻에 달려 있습니다.

영재를 많이 가르치고 교육한다면 도의 혜택을 받는 사람이 더욱
많아질 것이고, 도 또한 끊이지 않을 것입니다. 이것은 모든 사람이 바
랄 수 있는 즐거움은 아니지만, 또한 지식인으로서 군자라면 누구나

원하는 것입니다. 이 즐거움을 얻을 수 있느냐의 관건은 내가 아니라 다른 사람에게 달려 있습니다.

하늘과 사람에게 부끄러움이 없는 즐거움은 모든 사람이 얻을 수 있는 것이지만, 모든 사람이 바라는 즐거움은 아닙니다. 이 즐거움을 얻는 것은 하늘이나 다른 사람에게 달린 것이 아니라 전적으로 자신에게 달려 있습니다. 이 즐거움은 하늘이 내린 벼슬(천작天爵)이기에 세속의 왕 노릇과 바꿀 수 없는 것입니다.

군자는 하늘이 자신에게 내려준 벼슬인 인의와 세속의 왕 노릇을 바꾸지 않는 자존심을 가진 사람입니다.

03
신하이기 이전에
스승이노라

돈으로 환산할 수 없는 존재 가치

내가 나인 까닭과 요소를 알거나 느끼는 것을 자아 정체성이라고
합니다. 정체성은 나와 남을 구별하고 나를 인식하게 합니다. 자아 정
체성이 약하면 줏대 없는 사람일 것이고, 정체성이 너무 강하면 남과
어울리지 못할 것입니다. 그래서 자아 정체성이 강하게 형성되는 청
소년 시기에는 주변의 사람과 상황을 오직 자신의 눈과 입장으로만
해석하려는 경향이 강해지기 마련입니다. 나 아닌 것에 대한 구분이
명확해지는 것이죠.

자아 정체성을 갖는 것은 자연스러운 현상이고, 선악이나 옳고 그
름의 문제와 관계없는 자기 인식입니다. 그런데 자존심이나 자존감은
자기 존재의 가치나 의미 등과 관계가 있습니다. 자아 정체성은 있지

만 자존심이 없는 경우는 있을 수 있지만, 자존심은 있지만 자아 정체성이 없는 경우는 없습니다.

자존심은 자기 존재의 의미나 가치에 대한 자신의 인식과 평가입니다. 자존심이 있다는 것은 자기 존재에 의미를 부여한다는 것이고, 자존심이 세거나 높다고 하는 것은 자신의 가치를 높게 인식한다는 것과 다르지 않습니다. 그런데 자기 존재의 가치를 무엇으로 평가할 것인가도 생각해 볼 문제입니다.

자기 존재의 가치를 돈으로 환산할 수 없는 것은 당연하고 그것을 부정하는 사람은 없을 것입니다. 그런데도 돈을 벌기 위해 자존심을 팽개치는 사람이 있습니다. 자기 존재의 가치를 명예나 지위로 평가할 수 없다는 것은 누구나 인정할 것입니다. 하지만 지위를 얻으려고 자존심을 버리는 사람도 있습니다. 돈이나 명예, 지위 등은 자기 존재의 가치를 평가하는 기준이 될 수 없습니다.

자기 존재의 가치는 다른 것으로 환산될 수 없습니다. 오직 자신의 본성과 양심에 비추어야만 알 수 있습니다. 돈을 위해 양심을 버리는 사람은 자존감이 약한 사람입니다. 지위를 얻기 위해 본성을 거스르는 사람도 자존감이 약한 사람입니다. 돈은 나의 육체를 살찌게 하고 욕망을 채워 줄 수 있고, 지위는 명예를 가져다줄 수 있지만, 그렇다고 그것들이 자존감을 채워 주지는 못합니다. 돈과 지위를 얻는 것이 자존심을 채우는 것이 아니라 높은 지위 앞에서도 떳떳한 것이 자존감입니다. 자신에게 떳떳한 사람은 무엇으로도 굽혀지지 않습니다. 왕의 권위에도, 배고픔에도, 그리고 이익을 얻을 수 있다는 명분에도 굽히지 않는 자존감이 있던 사람이 맹자입니다.

대인은 마음속의 사람으로서의 도리(仁義)를 다른 사람들에게 베푸는 사람입니다. 대인에게 직위(벼슬)가 필수 조건은 아니지만, 지식인으로서 백성들의 먹고사는 문제를 해결하는 것은 책무이자 즐거움입니다. 그래서 지식인인 선비는 세상을 잘 다스려보겠다는 뜻을 저버릴 수 없습니다. 전국시대의 선비는 각 나라의 군주를 찾아다니며 자신의 사상과 포부를 밝히고 그것이 받아들여지기 원했습니다. 자신의 사상이 받아들여지느냐의 여부는 전적으로 군주의 의지에 달린 것이었습니다. 군주들은 선비를 우대하는 시늉을 하기는 했지만, 속내로는 천하를 제패하는 데 도움이 될 만한 방법을 얻기 위해서였을 뿐 진정으로 선비를 대우해 주지는 않았습니다.

있는 그대로 이야기하면 군주는 선비에게 먹을 것을, 선비는 군주에게 지식을 제공하는 사이입니다. 자신의 뜻에 맞지 않는 선비를 언제든지 내칠 수 있는 것이 군주이고, 자신을 대우해 주지 않는 군주를 언제든지 떠날 수 있는 것이 선비입니다. 군주와 선비는 각각 독립적 판단을 할 수 있는 것이 원칙이었습니다. 그렇지만 전국시대와 같이 혼란한 시대에는 군주에게 아첨하며 듣기 좋은 말만을 일삼으며 직위와 부를 누리려는 선비들이 많았습니다. 군주를 부와 명예에 눈멀게 하고, 자신의 영달을 위해 백성을 전쟁으로 내모는 것을 당연하다고 여긴 것입니다. 하지만 맹자는 군주의 신하이기 이전에 스승이고자 했습니다. 군주와 신하라는 상하관계를 맺기 이전에, 군주의 스승이 되어 군주를 바른 길로 인도하는 것이 자신의 의무라고 여겼습니다. 그래서 맹자는 자신을 스승이 아닌 신하로 대하고자 하는 군주가 부를 때는 가지 않는 것이 당연하다고 여겼습니다.

맹자가 왕(제나라 선왕)에게 조회하려고 했는데 왕이 사람을 보내어 말을 전했다.

왕 : 과인이 마땅히 찾아뵈어야 하는데 감기가 걸려서 바람을 쐴 수 없소. 그러니 아침에 조회를 할 것이니, 알지 못하겠소. 과인으로 하여금 뵐 수 있게 하시겠는지요.

맹자 : 불행하게 병이 걸려 조회에 나갈 수 없습니다.

(중략)

경추 씨 : 안으로는 부모와 자식 사이, 밖으로는 임금과 신하 사이가 사람에게 큰 윤리입니다. 부모와 자식 사이에는 은혜를 주로 하고 임금과 신하 사이에는 공경을 주로 합니다. 저는 우리 왕께서 선생을 공경하는 것은 보았지만, 선생이 왕을 공경하는 것은 보지 못했습니다.

맹자 : 아아, 그 무슨 말인가. 제나라 사람들이 왕과 더불어 인의를 말하지 않는 것이 어찌 인의가 좋지 않다고 여기기 때문이겠는가. 마음속으로 '어찌 더불어 인의를 말할 수 있겠는가.'라고 여기고 있기 때문일 것이니, 임금을 공경하지 않음이 이것보다 큰 것이 없다. 나는 요순의 길이 아니면 감히 왕 앞에서 말하지 않는다. 따라서 나만큼 왕을 공경하는 제

나라 사람은 없다.

경추 씨 : 아닙니다. 그것을 말하는 것이 아닙니다. 예禮에는 '아버지가 부르면 즉시 대답하고, 임금이 오라 명령하면 말에 멍에 하기를 기다리지 않는다.'라고 했습니다. 그런데 조회에 나가시려다가 왕의 말을 전해 듣고는 나가지 않으셨으니 예에 맞지 않는 듯합니다.

맹자 : 내가 어찌 그것을 말한 것이겠는가. 증자는 다음과 같이 말씀하셨네. "진나라와 초나라의 부유함을 내가 따를 수 없다. 저들이 부유함으로 나를 대하면 나는 나의 인仁으로 대하며, 저들이 관직으로 나를 대하면 나는 나의 의義로 대하니 내게 무엇이 부족하겠는가." 증자가 어찌 옳지 않은 것을 말하였겠는가. 이런 것도 왕을 대하는 하나의 길이다.

천하에 크게 존중받을 것이 세 가지가 있다. 관작(관직과 지위)이 하나고, 나이가 하나고, 덕德이 하나다. 조정에서는 관작만 한 것이 없고, 마을에서는 나이만 한 것이 없고, 세상을 도와 백성들의 삶을 잘 살피는 데는 덕만 한 것이 없다. 어찌 하나만을 가진 자가 둘을 가진 사람을 업신여길 수 있겠는가.

그래서 크게 될 임금은 반드시 함부로 부를 수 없는 신하가 있다. 일을 도모할 것이 있으면 찾아갔으니, 덕을 높이고 도를 즐거워하는 것이 이와 같지 않으면 더불어 일을 할 수 없다.

탕 임금은 이윤에게 배운 다음 그를 신하로 삼으셨기 때문에 힘들이지 않고 왕다운 왕이 되었다. 제나라의 환공은 관중에게 배운 후에 신하로 삼았기 때문에 힘들이지 않고 패자霸者가 되었다.

지금의 천하는 땅이 고만고만하고 덕을 베푸는 것도 고만고만해서 뛰어난 나라가 없는 것은 다른 이유가 아니다. 자기가 가르칠 수 있는 사람을 신하로 삼기를 좋아하고, 자기가 가르침을 받을 수 있는 사람을 신하로 삼기를 좋아하지 않기 때문이다.

탕 임금은 이윤을, 환공은 관중을 감히 부르지 못하였다. 관중도 오히려 부를 수 없었는데, 하물며 관중과 같은 일은 하지 않고자 하는 내게 있어서랴!

天下有達尊三, 爵一, 齒一, 德一. 朝廷莫如爵, 鄕黨莫如齒, 輔世長民莫如
천하유달존삼 작일 치일 덕일 조정막여작 향당막여치 보세장민막여
德.
덕
惡得有其一, 以慢其二哉. 故將大有爲之君, 必有所不召之臣. 欲有謀焉,
오득유기일 이만기이재 고장대유위지군 필유소불소지신 욕유모언
則就之. 其尊德樂道, 不如是不足與有爲也.
즉취지 기존덕락도 불여시부족여유위야

〈공손추하〉 2

맹자는 위나라를 시작으로 제나라, 송나라, 등나라, 추나라 등 전국시대의 거의 모든 나라를 돌아다녔습니다. 맹자가 처음 간 나라는 위나라였습니다. 그곳에서 혜왕을 만나 자신의 사상과 포부를 설명했으나 혜왕이 죽고 그의 아들 양왕이 홀대하자 위나라를 떠나 제나라로 갑니다.

제나라의 선왕으로부터는 어느 정도 대우를 받습니다. 그래서 맹자는 선왕이 왕도정치를 할 수 있을 것이라는 희망을 품습니다. 맹자는 자신을 인정하고 대우해 주는 선왕을 왕다운 왕으로 만들기 위해

노력했습니다. 왕을 왕다운 왕으로 만드는 길은 맹자 자신이 왕에게 아첨하거나 왕의 물질적 욕망을 채워 주는 신하가 될 것이 아니라, 인의를 가르치는 스승이 되는 것이라고 생각했습니다. 그래서 자신을 신하로만 여기는 왕이 불러도 나가지 않은 것입니다.

왕은 모든 권력을 손에 쥔 사람입니다. 맹자는 그 왕으로부터 숙식을 제공받아 살아가는 사람입니다. 그런데도 맹자는 왕이 불러도 가지 않았습니다. 직위로 치면 당연히 맹자보다 왕이 위입니다. 직위로 따진다면 맹자는 밥을 먹다가도 달려 나가는 것이 도리일 것입니다. 그러나 왕 또한 왕이기 이전에 사람으로서의 도리를 갖추어야 합니다. 오히려 사람다운 사람이 왕이 되어야 백성과 천하가 평안해질 것입니다. 왕이 사람다움을 갖추지 않고 권력과 욕망에 빠져 있다면 백성은 곤궁해질 것입니다. 그래서 진정한 신하는 신하이기 이전에 왕의 스승이 되어야 합니다. 스승의 눈으로 왕의 잘못을 꾸짖고 고쳐 주어야 하는 것이 신하의 도리입니다.

직위는 인위적인 관계입니다. 위아래를 가르는 기준은 직위만 있는 것이 아니라 나이도 있고, 인품도 있습니다. 나이로 보고, 인품(덕)으로 보면 왕은 맹자보다 한참 아래입니다. 덕은 하늘이 부여해 준 벼슬이고, 나이는 세월이 준 벼슬입니다. 왕이 준 벼슬이 인위적인 것이라면, 하늘이 주고 세월이 준 벼슬은 자연적인 것입니다. 그 자연적인 벼슬을 가진 자가 인위적인 벼슬을 준 왕의 부름에 잘잘못을 따지지 않고 달려 나갈 수는 없는 것입니다.

신하의 역할은 왕에게 인의를 알려 주고 인의를 실천할 것을 권하는 것입니다. 그러나 제나라의 신하들 중에는 인의를 말해 주는 사람이 없었습니다. 이것이야말로 군주를 제대로 섬기지 못하는 신하들입니다. 제나라 사람들은 관중이 제 환공을 도운 것처럼 인의가 아니라 부국강병을 최고로 삼았습니다. 그러나 맹자는 부국강병으로 천하를 제패하는 패자를 꿈꾼 것이 아니라 인의가 실현되는 왕도를 꿈꾸었습니다.

그 왕도의 가능성을 제 선왕에게 알려준 것입니다. 고만고만한 나라들이 대치하고 있는 상황에서 스승 같은 신하를 얻는 것이 왕도의 지름길이며, 그 스승 같은 신하가 다름 아닌 자신이라고 맹자는 자부하였습니다.

공이 아니라 뜻으로 먹느니

맹자는 스스로 제 선왕의 스승 같은 신하가 되어, 왕의 부름에 응하지 않을 수 있었습니다. 선왕 또한 맹자를 쉽게 대하지는 않았습니다. 그렇지만 맹자는 선왕에게 먹을 것을 제공받는 식객임에는 틀림없었습니다. 온 나라를 떠돌아다니던 맹자는, 그 나라의 임금에게 먹고 쉬는 문제를 도움받을 수밖에 없었습니다. 앞서 왕자 점이 선비는 무엇을 일삼느냐고 비꼬듯 물었듯이 맹자와 같은 선비는 농사나 장사 같은 생업을 주로 하지 않습니다. 게다가 천하를 떠돌고 있는 맹자는 더

더욱 그랬을 것입니다.

아무리 심지가 굳은 사람이라도 자신에게 먹을 것과 잠잘 곳을 제공하는 사람에게 고개가 숙여지는 것은 인지상정인지도 모릅니다. 그러나 맹자는 임금이 자신에게 숙식을 제공해야 하는 것을 당연하게 여깁니다. 말하자면 당당하고 떳떳하게 얻어먹는 셈이지요.

팽경 : 뒤로는 따르는 수레가 수십 대이고 쫓아다니는 자가 수백 사람인데, 돌아다니며 제후들에게 밥을 얻어먹는 것은 너무 지나치지 않습니까?

맹자 : 도가 아니라면 한 그릇이라도 남에게 받지 않을 것이다. 만약 도에 맞는다면 순임금이 요임금에게 천하를 넘겨받았어도 지나치다고 여기지 않았는데, 자네는 그것을 지나치다고 여기는가?

팽경 : 아닙니다. 다만 선비가 되어서 하는 일 없이 밥을 얻어먹는 것이 옳지 않다고 말하는 겁니다.

맹자 : 자신의 공과 일을 남과 교역하지 않아 자네에게 남는 것으로 남의 부족한 것을 채워주지 않는다면, 농부에게는 곡식이 남고 여인네에게는 삼베가 남아돌 것이다. 만일 서로 교역한다면 목수와 수레 만드는 사람들도 모두 자네에게 밥을 얻어먹는 것일세. 여기에 사람이 있는데 그 사람은 집에서는 효도하고 나와서는 윗사람을 공경하며 선왕의 도를 지키며 후세의 학자를 위해 교육하면서도 자네에게 밥을 얻어먹지 못한다면, 자네는 목수와 수레 만드는 것은 높이면서 인의仁義는 가볍게 여기는

것인가?

팽경 : 목수와 수레 만드는 사람은 그 뜻이 밥을 구하는 것에 있습니다. 그렇다면 군자가 도를 행하는 그 뜻 또한 밥을 구하는 것에 있습니까?

맹자 : 자네가 어찌하여 뜻을 따지는가? 자네에게 공이 있어 먹일 만하면 먹이는 것이다. 자네는 뜻을 위주로 하여 먹는가? 공을 위주로 하여 먹는가?

팽경 : 뜻으로 먹습니다.

맹자 : 어떤 사람이 남의 기왓장을 부수고 벽에 낙서를 했는데 그 뜻이 밥을 구하는 것이었다면 자네는 그를 먹일 것인가?

팽경 : 아닙니다.

맹자 : 그렇다면 자네는 뜻을 위주로 먹는 것이 아니라 공을 위주로 먹는 것일세.

〈등문공 하〉 4

사람은 먹어야 합니다. 그런데 먹을 것은 그냥 생기지 않습니다. 먹기 위해서는 일을 해야 합니다. 농사를 짓거나 물고기를 잡거나 집을 짓거나 신발을 만들어야 합니다. 일하지 않는 자는 먹을 수 없습니다. 일하지 않고 먹으려는 자는 남의 것을 훔치는 도둑과 다름없습니다.

농사를 통해 얻은 곡식은 자신뿐 아니라 교환을 통해 다른 이의 식량이 됩니다. 물고기를 곡식과 바꾸면 농부는 물고기를 얻고 어부는 곡식을 얻습니다. 신발을 물고기와 바꾸면 어부는 신발 만드는 사람의 공과 자신의 공을 바꾸는 셈입니다. 이렇듯 농부나 어부나 목수나 대장장이는 모두 공을 이루고, 자신이 이룬 공을 교환함으로써 먹고 사는 문제를 해결합니다. 즉 농부, 어부, 목수, 대장장장이의 뜻은 먹는 것에 있고, 먹기 위한 구체적 방편은 공을 이루어 내고 그것을 교환하는 것입니다. 그런데 맹자는 먹을 것, 입을 것, 쉬는 곳, 신을 것 등 구체적 재화를 생산하지 않는 지식인 계층입니다. 그러고서도 수백명을 거느리고 다니면서 제후들에게 먹을 것과 쉴 곳을 제공받습니다. 공을 이루지 않고 먹고사는 것이기에 놀고먹는 것과 다름없고, 더 나아가면 도둑질을 하는 것이라고 생각할 수도 있습니다. 그렇다면 맹자는 얻어먹는 것을 부끄럽게 여겨야 할 텐데 떳떳합니다. 그 까닭은 무엇일까요?

맹자는 자신이 물질적 재화를 생산하지 않고 있음을 인정합니다. 왜냐하면 자신은 먹는 것에 뜻을 두고 있지 않기 때문입니다. 결국 맹자는 공이 없으면서도 얻어먹고 있는 것을 인정하는 셈입니다. 맹자는 자신이 얻어먹을 수 있는 근거를 재화의 교환이 아니라 도道에 두고 있습니다. 도에 맞는다면 천하도 받을 수 있고, 도에 맞지 않는다면 밥 한 그릇도 받지 않는다고 말합니다. 도라는 것은 바로 인의예지를 실천하고 가르치는 것입니다. 물질적 재화를 생산하는 것과 도를 지키며 전수하는 것 가운데 어느 것을 중요하게 여기느냐는 사람마다 다를 수 있습니다. 보통 사람들은 물질적인 재화의 생산을 근본이라고 여길 것입니다. 재화가 없다면 살아갈 수 없기 때문이죠. 이런 입장은 공을 위주로 먹는 것이 됩니다. 반면 맹자는 먹고살되 인간답게, 곧 인의를 실천하면서 사는 삶이 더 바람직하다고 봅니다. 맹자는 공이 아니라 뜻을 위주로 먹는 셈입니다.

맹자가 공이 아니라 뜻을 위주로 한다면, 군주가 맹자에게 먹을 것을 주는 까닭은 무엇일까요? 맹자는 인의를 실천하고 가르치는 것을 뜻으로 삼았습니다. 특히 맹자가 군주에게 왕도를 깨우쳐 주는 것을 군주가 공으로 받아들이면, 군주는 맹자에게 먹을 것을 제공하는 것입니다. 반대로 맹자의 가르침이 군주에게 아무런 공이 되지 못한다면 맹자는 먹지 못할 것입니다.

맹자는 먹기 위해 뜻을 버리지 않습니다. 뜻에 먹을 것이 따라오면 먹고 그렇지 않으면 먹지 않는 것입니다. 그래서 맹자는 군주가 주는 돈을 어떤 때는 받고 어떤 때는 받지 않았습니다. 이에 대해 맹자의 제자가 궁금해하는 대목이 있습니다.

진진 : 전날에 제나라에서 왕이 품질이 좋은 황금 100일鎰을 내렸으나 받지 않으시고, 송나라에서 70일을 주시자 받으셨고, 설나라에서는 50일을 주시자 받으셨습니다. 전에 받지 않은 것이 옳다면 지금 받는 것은 잘못이고, 지금 받는 것이 옳다면 전날에 받지 않은 것이 잘못일 것입니다. 선생께서는 반드시 이 가운데 하나의 잘못을 범하셨습니다.

맹자 : 모두 옳다. 송나라에 있을 때는 내가 먼 길을 가야할 때였다. 먼 길을 가야 하는 여행자에게는 반드시 노자를 주는 것이다. "노자를 드립

니다." 하며 주는데 내가 어찌 받지 않을 수 있겠는가.

설나라에 있을 때는 내가 신변의 위협을 느껴 경계하는 마음이 있었다. 그런데 "위협을 느끼고 계신다고 들었기에 경호 비용(병비兵備)을 위해 드립니다."라고 하니 내가 어찌 받지 않을 수 있겠는가.

제나라에 있을 때는 먼 길을 가거나 신변의 위협을 느껴 병사가 필요하지도 않았다. 해당되는 것이 없는데도 주는 것은 뇌물이다. 어찌 군자이면서 뇌물을 취할 수 있겠는가.

無處而餽之, 是貨之也. 焉有君子而可以貨取乎.
무 처 이 궤 지 시 화 지 야   언 유 군 자 이 가 이 화 취 호

〈공손추 하〉 3

준다고 덥석 받는 것은 공이 없는데도 먹는 것과 같습니다. 안 주는데 달라는 것은 비굴합니다. 주는데 무조건 받지 않는 것은 상대방을 무시하는 것입니다. 많이 주면 받고 적게 주면 받지 않는 것은 더 달라고 떼쓰는 것입니다. 받을 만하면 받고 받을 만하지 않으면 받지 말아야 합니다. 받을 만하고 받을 만하지 않음의 기준은 정당한 이유가 있느냐에 있습니다. 정당한 이유가 없는데 주고받는 것은 예(禮)가 아니라 뇌물입니다. 예를 주고받아야지 뇌물을 주고받아서는 안 됩니다. 맹자가 주고받고자 한 것은 물건에 담긴 예였지 물건 자체가 아닙니다.

04
내 어찌 왕을
버리겠는가

뜻이 맞지 않으면 떠나는 것이 도리

선비는 군주에게 인의를 깨우쳐 어진 임금이 되는 길을 알려 주고 군주는 선비에게 스승의 예로 대우해 주는 것이, 선비와 군주 사이에 가장 바람직한 관계일 것입니다. 군주는 선비를 예로써 초빙하는 것이 도리이고, 초빙이 정당하면 나아가 군주를 바로잡아주는 것이 신하의 도리입니다. 다음은 어떤 때 나아가고 어떤 때 물러나야 하는지에 대한 맹자와 제자의 문답입니다.

진진 : 옛 군자들은 어떤 때에 벼슬에 나아갔습니까?

맹자 : 나아가는 것이 세 가지이고, 물러나는 것도 세 가지이다.

공경이 지극하고 예를 갖추어 맞이하며, "장차 선생님의 말씀을 실행하겠습니다."라고 말하면 나아간다. 그러나 예를 갖추는 것이 여전할지라도 자신의 말이 실행되지 않으면 떠나간다.

그다음은 비록 자신의 말이 시행되지는 않으나 공경이 지극하고 예를 갖추어 맞이하면 나아간다. 그러나 예를 갖추는 것이 시들해지면 떠나간다.

그 아래는 아침도 먹지 못하고 저녁도 먹지 못하여 굶주려 문밖으로 나가지 못하는데 임금이 그것을 듣고는 "내가 크게는 도를 행하지 못하고 또 그 말을 따르지 않았지만, 내 땅에서 선비를 굶주리게 하는 것을 부끄럽게 여긴다."라고 하며 구원해 주면 또한 받을 수 있지만, 죽음을 면하는 것에 그칠 뿐이다.

〈고자 하〉 14

군주는 강압적으로 선비를 불러서도 안 되고, 선비는 현명한 군주가 부르는데 나가지 않아서도 안 됩니다. 또 군주는 어진 선비를 그냥 두어서도 안 되고, 선비는 부르지도 않는데 나아가서는 안 됩니다. 군주와 선비는 서로에게 은혜를 베푼다는 면에서 호혜적이며, 부르고 나아가는 것을 스스로 결정한다는 면에서 자율적인 관계입니다. 호혜적이고 자율적인 관계가 가장 바람직한 군주와 선비의 관계라고 할 수 있습니다.

군주가 스승을 대하는 듯한 공경심으로 예를 갖추고 선비의 말을 정책에 반영하기 위해 선비를 부른다면, 선비는 반드시 나아가야 합니다. 선비는 최대한 대우를 받았고, 자신의 사상과 이상을 실현할 수 있는 기회를 얻었기 때문이죠. 그래서 나아갔는데 공경심과 예를 갖추어 대하기는 하지만, 자신의 말이 정책에 반영되지 않는다면 머무를 필요가 없습니다. 그런 상황에서 계속 머물러 있는 것이야말로 공 없이 밥만 축내는 것이기 때문입니다.

예를 갖추어 대하고 선비의 뜻을 실현시키려는 이상적인 군주가 있다면 분명 왕다운 왕이 되어 천하가 평온해질 것입니다. 하지만 그런 왕은 바라지도 못하는 게 현실입니다. 그래서 그다음은 자신의 말을 시행하지는 않으나 공경과 예를 갖추면 나아가는 것입니다. 하지만 자신의 말을 시행하지 않는다고 군주를 바로잡으려 들어서는 안 됩니다. 공경과 예로써 군주를 대하는 것에 그쳐야 합니다. 그런데 군주의 공경과 예마저 시들해진다면, 군주가 더는 선비를 선비로 받아들이지 않겠다는 표현이기 때문에 구차하게 머물러서는 안 됩니다. 그대로 머문다면 자신의 사상과 이상은커녕 공경과 예마저 잃는 것이기 때문입니다.

선비는 재화를 직접 생산하지 못합니다. 그래서 누군가의 보살핌이 없으면 살아갈 수 없습니다. 가장 바람직한 것은 군주에게 나아가 도의를 가르침으로써 살아가는 것입니다. 그런데 군주가 자신의 말을 시행하지 않을 것이고, 또한 공경과 예의로 대하지 않는다면 나아가지 않아야 합니다. 선비는 먹을 것에 뜻을 두지 않기 때문입니다. 하지만 선비는 벼슬에 나가지 않으면 살아갈 방도가 없습니다. 선비가 굶주리고 있는 것을 수치로 여기는 군주가 있어 살려 준다면 그에게 나아가는 것이 도리입니다. 다만 그 군주는 선비의 말을 시행하거나 공경과 예의로 대해 주는 것이 아니기 때문에, 높은 벼슬이 아니라 먹고살 것을 해결할 만한 직책에 머물러야 합니다.

제나라 선왕은 맹자를 극진히 대우했습니다. 공경과 예의를 갖추어 대했으며, 맹자의 식솔들에게 잠자리와 먹을 것을 주었습니다. 그러나 맹자의 말을 시행하지는 않았습니다. 자신의 말이 시행되지 않는데 머무는 것은 구차하게 먹을 것을 얻는 것과 같기 때문에 맹자는 제나라를 떠납니다.

맹자가 제나라를 떠날 때 윤사가 사람들에게 말했다.

윤사 : 우리 왕이 탕왕이나 무왕과 같은 성군이 되지 못할 것을 모르고 왔다면 지혜가 밝지 못한 것이고, 불가능할 것을 알고 온 것이라면 은택을 원한 것이다. 천리 먼 길을 와서 왕을 만났다가, 뜻이 맞지 않는다며 떠나놓고서는 주晝 땅에 3일이나 머물렀으니, 떠났으면서도 가까운 곳에 왜 이리 오래 머물렀는가. 나는 심히 좋지 않게 여긴다.

고자가 이것을 맹자에게 아뢰었다.

맹자 : 윤사가 어찌 나를 알겠는가. 천리 먼 길을 와서 왕을 만난 것은 내가 하고자 해서 그런 것이지만, 뜻이 맞지 않아 떠난 것이 어찌 내가 하고자 한 것이겠는가. 내가 부득이해서 그런 것이다.

내가 주 땅에 3일을 머물렀으나 내 마음은 그것도 오히려 빠르다고 여겼다. 왕이 혹시 마음을 고치지 않을까 바랐고, 왕이 마음을 고치시면 반드시 발길을 돌렸을 것이다. 주 땅을 떠나는데도 왕이 나를 쫓아오지 않은 후에야 물 흐르듯 떠날 뜻을 품었다. 내 비록 그렇지만 어찌 왕을 버리겠는가. 왕은 여전히 충분히 선을 행할 수 있으시니, 만일 왕이 나를 등용한다면 어찌 다만 제나라 백성만 편안해지겠는가. 천하의 백성이 함께 편안해질 것이니 왕이 고치기를 나는 날마다 바라고 있노라.

내가 어찌 소장부처럼, 임금에게 간하다가 받아들여지지 않으면 노하여 성낸 기운을 얼굴에 드러내면서 최대한 멀리 떠난 다음 머무는 것처럼 하겠는가.

윤사가 이 말을 들었다.

윤사 : 제가 진실로 소인입니다.

〈공손추 하〉 12

아무리 극진한 대우를 받아도 자신의 사상과 이상이 실현될 조짐이 없으면 떠나는 것이 선비의 도리입니다. 제나라 사람들은 자신의 왕이 성군이 될 수 없다고 여겨, 맹자가 자신의 왕을 성군이 될 수 있다고 본 것을 비난합니다. 더구나 뜻이 맞지 않아 떠났으면 바로 갈 일이지, 구차하게 근처에서 오랫동안 머무는 것도 선비답지 못하다고 꾸짖은 것입니다.

제 선왕은 타고난 자질이 순수하고 성실하였습니다. 싸우기를 좋아하고 재물과 여색과 세속의 음악도 좋아한다는 것을 맹자에게 솔직히 털어 놓기도 했습니다. 그래서인지 맹자는 제 선왕을 바르게 인도하면 탕왕과 무왕 같은 성군이 될 것으로 여겼습니다. 아니, 제 선왕을 성군으로 만드는 것이 자신의 역할이자 사명이라고 여겼다고 보는 편이 맞습니다.

그런데 제 선왕은 맹자를 대우해 주기는 했지만 맹자의 말을 정책에 반영하지는 않았습니다. 맹자와 뜻이 맞지는 않은 것입니다. 뜻이 맞지 않는데 머무는 것은 공 없이 먹는 것만 축내는 것과 같기에 맹자는 떠납니다. 그러나 맹자는 제 선왕을 원망하거나 미워하지 않았습니다. 제 선왕에게서 탕왕과 무왕 같은 성군이 될 가능성을 보았기 때문에, 왕도를 실현하겠노라고 마음을 고쳐먹기를 원했습니다. 그래서 왕을 떠났으되 먼 곳에 머물지 않고 가까운 곳에 머문 것이고, 바로 떠나지 않고 한참을 기다린 것입니다. 만약 제 선왕의 마음만 바로잡히면 제나라뿐 아니라 천하의 백성이 모두 편해질 것이라고 확신했기 때문입니다.

제 선왕에게 선행의 가능성이 없었는데 머물렀다면 맹자는 밥을 훔쳐 먹은 것이 될 것입니다. 또 선행의 가능성이 없는데도 바로 떠나지 않고 가까운 곳에서 한참을 머물렀다면 그것도 밥을 훔치려는 것이 될 것입니다. 그러나 반대로 선행의 가능성이 있는데도 뜻이 받아들여지지 않는다고 하여 급하게 돌아서서 가버리는 것도 잘못된 일입니다. 더욱이 제 선왕을 통해 온 세상을 평온하게 하겠다는 꿈을 키우던 맹자였기에, 왕이 마음을 고쳐서 자신을 다시 불러주기를 기다린 것은 당연합니다. 맹자가 제나라의 근교에서 오래 머문 것은 권세와 부귀 때문이 아니며, 자존심을 굽힌 것은 더더욱 아니며, 다만 왕도를 포기하지 않으려는 것이었습니다.

자신을 굽혀 남을 바르게 할 수 없다

맹자는 온 세상을 돌아다녔지만 선비의 자존심을 조금도 굽히지 않았습니다. 군주들에게 도움을 받으며 먹을 것을 해결했지만, 도에 어긋나는 것이면 밥 한 그릇이라도 받지 않았습니다. 또 군주가 공경과 예로써 대우하지 않으면 나아가지도 않았습니다. 공경과 예로 대우해 주어도 뜻이 맞지 않으면 떠났습니다. 너무도 당당한 맹자의 태도에 대해 제자가 궁금해하는 것도 당연합니다.

진대 : 선생께서는 제후를 만나 찾아뵙지 않는 것이 작은 일인 듯합니다. 이제 한번 만나보시면 크게는 왕다운 왕을 만들 것이요, 작게는 천하를 제패하게 만들 것입니다. 옛 기록에 '한 자를 굽혀 한 길을 펼친다.'라고 했으니 해볼 만하지 않겠습니까.

맹자 : 옛날에 제 경공이 사냥할 때 동산을 지키는 관리를 부르는데, 대부를 부를 때 쓰는 깃발로 불렀다. 그런데 동산을 지키는 관리가 오지 않자 그를 죽이려고 했다. 공자께서 그 관리를 칭찬하여 "뜻있는 선비는 자신의 시신이 구덩이에 버려질 것을 잊지 않으며, 용맹한 선비는 자신

의 머리가 잘릴 것을 잊지 않는다."라고 하셨다. 공자께서 어찌 그 관리를 칭찬했겠는가. 신분에 맞지 않는 부름에는 나가지 않는 것인데, 만일 부름을 기다리지도 않고 나간다면 어떻겠는가.

또, '한 자를 굽혀 한 길을 편다.'라고 했는데 그것은 이로움으로 말한 것이다. 만약 이로움으로 말한다면, 한 길을 굽혀 한 자를 펴도 이롭다면 그것 또한 할 만한 것인가?

(중략)

만약 도를 굽혀 저들을 따르면 어떻게 되겠는가. 자네가 지나치네. 자신을 굽혀서 남을 바르게 한 사람은 없었다네.

如枉道而從彼, 何也. 且子過矣, 枉己者, 未有能直人者也.
여 왕 도 이 종 피 하 야 차 자 과 의 왕 기 자 미 유 능 직 인 자 야

〈등문공 하〉 1

자신을 높여 주고 능력보다 높게 인정해 주면 사람들은 좋아합니다. 그러나 그것은 자기의 직분과 능력 밖의 것을 취하는 것입니다. 자기에 맞지 않는 예로 불렀기 때문에 나가지 않은 동산의 관리인은 자신의 직분과 위치를 잃지 않은 것입니다. 만약 관리인이 나아갔다면 그는 대부의 자리를 훔친 것이 됩니다. 높지 않은 자리에 있는 동산의 관리인도 자신에게 맞는 부름의 도리가 있음을 알았듯이, 왕을 가르치고 깨우쳐 줄 선비를 부름에도 그에 맞는 도리가 있음은 당연합니다. 왕을 가르치고 깨우쳐 줄 능력이 있다고 하더라도 도리에 맞지 않는 부름에 나갈 수 없고, 부르지도 않았는데 나갈 수는 더더욱 없는

것입니다.

'한 자를 굽혀 한 길을 편다.'라는 것은 굽히는 것과 펴는 것의 이로움을 계산한 것에 불과합니다. 이로움이 판단 기준이라면 한 길을 펴서 한 자를 굽히는 행동도 옳은 행동이 되고 맙니다. 나가는 것은 도를 이룰 수 있을 때 나가는 것이지, 이로움을 얻기 위해 나가는 것이 아닙니다.

자신의 도가 이루어지지 않을 것 같으면 어떤 경우라도 나가지 않는 것이 선비의 길입니다. 공자뿐 아니라 맹자도 자신의 포부를 이루지 못했습니다. 자신의 포부를 이루지 못할망정 가볍게 나갈 수는 없었기 때문입니다.

맹자의 포부는 온 세상이 인의로 가득 찬 세상을 만드는 것에 있었지, 천하를 제패하는 것에 있지 않았습니다. 제나라의 임금이 대우해주니 포부를 실현할 기회가 있지 않느냐고 제자가 묻습니다.

공손추 : 선생님께서 제나라에서 요직을 맡으신다면 관중과 안자의 공적을 다시 보는 것을 기대할 수 있겠습니까.

맹자 : 너는 진실로 제나라 사람이구나. 관중과 안자를 알 뿐이로다. 어떤 사람이 증서에게 "그대와 자로 중 누가 더 어진가."라고 물었다. 증서가 두려운 듯한 태도로 "자로는 우리 선친께서 존경하신 분이오."라고 하였다. 그러자 "그렇다면 그대와 관중 중 누가 더 어진가."라고 묻자 증서는 발끈하고 기뻐하지 않으며, "그대는 어찌 나를 관중과 비교하는가.

관중이 임금의 신임을 독차지하였고, 국정 운영을 저토록 오래 했는데도 공적이 저렇게 낮은데 그대는 어찌 나를 관중과 비교하는가."라고 했다. 관중과 같은 일은 증서도 하려고 하지 않는 바인데, 너는 내가 관중같이 되기를 원한단 말인가.

공손추 : 관중은 자신의 임금이 천하를 제패하게 하였고 안자는 임금의 이름을 드높였는데, 관장과 안자와 같은 일도 부족하다는 것입니까?

맹자 : 제나라를 가지고서 왕 노릇을 하는 것은 손바닥을 뒤집는 것과 같다.

공손추 : 그러시다면 저의 의심이 더욱 심해집니다. 문왕이 거의 백 세가 다 되어 돌아가실 때까지 덕을 베풀었는데도 천하가 모두 젖어들지 못하였다가, 무왕과 주공이 그것을 계승한 후에야 크게 행해졌습니다. 지금 왕 노릇하는 것이 쉽다고 하시니 문왕도 본받을 만하지 못하다는 건가요?

맹자 : 문왕을 내가 어찌 당할 수 있겠는가.

(중략)

제나라 사람의 말에 "비록 지혜가 있다 하더라도 흐름과 분위기를 타는 것보다 못하고, 비록 농기구가 있다 하더라도 때를 기다리는 것만 못하다."라는 말이 있다. 지금이 바로 그런 때이다. 하나라, 은나라, 주나라의 전성기에도 땅이 천리를 넘지 않았으나, 지금 제나라는 그만한 땅이 있다. 닭 울고 개 짖는 소리가 서로 이어져 국경에까지 미치니 제나라는 그만한 백성이 있다. 땅을 더 개간하지 않고 백성을 더 모으지 않더라도 인정仁政을 행하면서 왕 노릇을 한다면, 이것을 막을 자가 없을 것이다.

또, 왕다운 왕이 나오지 않은 것이 지금보다 드문 적이 없었고, 백성들이
모진 정치에 시달리는 것이 지금보다 심한 적이 없었다. 굶주린 자는 무
엇이든지 먹으려 하고, 목마른 자는 무엇이든지 마시려 한다. 공자는
"덕이 흘러가는 것은 파발마로 명령을 전달하는 것보다 빠르다."라고
하셨다. 지금과 같은 때 만승의 나라가 인정을 행하면, 백성들이 기뻐하
는 것이 거꾸로 매달려 있던 것을 풀어 주는 것과 같을 것이다. 따라서
옛사람들이 한 일을 반만 하고도 공은 배가 될 것이 분명하니, 지금이 바
로 그때라는 것이다.

且王者之不作, 未有疏於此時者也. 民之憔悴於虐政, 未有甚於此時者也.
차 왕 자 지 부 작 미 유 소 어 차 시 자 야 민 지 초 췌 어 학 정 미 유 심 어 차 시 자 야
飢者易爲食, 渴者易爲飮. 孔子曰, 德之流行, 速於置郵而傳命. 當今之時,
기 자 이 위 식 갈 자 이 위 음 공 자 왈 덕 지 유 행 속 어 치 우 이 전 명 당 금 지 시
萬乘之國行仁政, 民之悅之, 猶解倒懸也. 故事半古之人, 功必倍之, 惟此
만 승 지 국 행 인 정 민 지 열 지 유 해 도 현 야 고 사 반 고 지 인 공 필 배 지 유 차
時爲然.
시 위 연

〈공손추 상〉 1

관중도 안자도 불세출의 명신임에는 틀림없습니다. 관중은 제나라
환공을 도와 제나라가 춘추시대의 맹주가 되는 데 큰 힘이 되었습니
다. 안자도 제나라 경공을 충심으로 바로잡아 좋은 군주라고 칭찬을
듣게 하였습니다. 그러니 맹자의 제자이면서 제나라 사람인 공손추가
맹자로 하여금 제나라에서 관중과 안자 같은 신하가 되어 제나라를
크게 일으켜 주기를 바란 것은 당연합니다.

그런데 맹자의 이상은 혼란한 시대의 맹주가 되거나 임금의 명성을 높이는 것에 있는 것이 아니라, 온 세상이 모두 평온해지는 평천하平天下에 있었습니다. 맹자가 꿈꾼 평온은 힘의 균형에서 오는 일시적 긴장 상태를 의미하는 것이 아니었습니다. 강력한 한 나라에 의해 힘의 균형이 유지되거나 혹은 여러 나라 간의 힘의 균형이 유지되고 있는 상태는 곧 깨질 균형입니다. 힘으로 균형을 잡으려고 하는 것 자체가 언젠가는 균형이 깨진다는 것을 전제하는 것입니다. 힘의 균형은 서로가 힘을 증강시키는 쪽으로 유도하기 마련일 것이고, 그렇다면 천하의 혼란은 반복될 것이 분명합니다.

맹자는 힘이 아니라 덕으로 혼란을 바로잡아야 한다고 주장했습니다. 문왕은 땅도 천리가 넘지 않았고 백성도 적었지만, 세상을 평온하게 했습니다. 힘이 아니라 덕으로 한 것입니다. 그런데 제나라는 땅도 넓고, 백성도 많았습니다. 더구나 힘의 균형과 혼란이 반복되면서 백성들은 지칠 대로 지쳐 있었습니다. 배부른 자에게는 한 그릇의 밥을 주는 것이 큰 매력이 없지만 굶주린 자에게는 밥을 준 사람이 생명의 은인이 되는 것처럼, 전국시대와 같이 혼란한 시기에 덕행을 베푼다면 천하를 손바닥 위에서 굴리는 것과 같을 것입니다.

군주로 하여금 인정을 베풀도록 하는 역할이 바로 자신의 역할이라고 맹자는 생각했습니다. 자신의 역할은 덕을 가르치는 것이지 관중과 안자처럼 부국강병을 시행하는 것이 아니라고 여겼습니다. 결국 선비인 맹자의 자존심은 왕이 바른 정치를 하도록 이끄는 것에 있었습니다. 제나라 왕이 자신을 몰라본 것에 대해 서운하고 안타깝지 않느냐는 질문에 맹자는 다음과 같이 대답합니다.

그때는 그때이고 지금은 지금이다. 5백 년마다 왕다운 왕이 반드시 나오는데 그 사이에는 반드시 유명한 자가 있기 마련이다. 주나라 이래로 년수로 따지면 태평한 세상이 될 때가 이미 지났는데, 상황을 고려하면 지금이 그때이다. 아직 왕다운 왕이 나오지 않은 것은 하늘이 천하를 평온하게 하지 않으려는 것이다. 그러나 만일 천하를 평온하게 하고자 한다면 지금 세상에 나를 버리고 그 누가 하겠는가.

彼一時, 此一時也. 五百年必有王者興, 其間必有名世者. 由周而來, 七百
피 일 시 차 일 시 야 오 백 년 필 유 왕 자 흥 기 간 필 유 명 세 자 유 주 이 래 칠 백
有餘歲矣. 以其數 則過矣, 以其時考之 則可矣. 夫天, 未欲平治天下也, 如
유 여 세 의 이 기 수 즉 과 의 이 기 시 고 지 즉 가 의 부 천 미 욕 평 치 천 하 야 여
欲平治天下, 當今之世, 舍我其誰也. 吾何爲不豫哉.
욕 평 치 천 하 당 금 지 세 사 아 기 수 야 오 하 위 불 예 재

〈공손추 하〉 13

군주들이 자신을 몰라준다고 해도, 혼란한 세상을 바로잡을 수 있는 방법은 자신에게 있다는 아주 강한 자존심의 표현이라고 하겠습니다.

맹자의 마음은 권력과 부귀에 의해 흔들리지 않았습니다. 자신에게 있는 인의에 기초하여 어진 정치가 시행되기만을 바랄 뿐이었습니다. 그래서 선비와 정치는 떼려야 뗄 수 없는 관계가 됩니다. 곧 현실의 문제를 떠난 지식인은 없는 셈입니다. 맹자가 생각한 가장 이상적

인 정치는 지도자의 도덕성으로 다스려지는 왕도정치입니다. 맹자 당시로 치면, 왕이 자신에게 부여된 착한 본성에 근거하여 정치를 하는 것이 가장 바람직한 정치라는 것입니다. 그리고 선비는 왕이 본성을 찾도록 가르치는 역할을 해야 한다고 생각한 것입니다.

05
사람이 귀중한 까닭

하늘의 마음을 본받아

《시경》에 다음과 같은 시가 있습니다.

천지자연으로부터 온다.

하늘이 나를 낳았고, 나는 땅에서 편안하게 지낸다.
하늘이 뭇 백성을 낳으니 사물이 있으면 법칙이 있도다.

여기서 하늘과 땅은, 사람 몸이 있을 수 있고, 그 물질적 생명을 이어가는 기반이기도 하다는 의미가 있습니다. 하지만 사람의 정신적 근원, 사람이 따라야 할 규범이라는 의미가 더욱 부각되고 있습니다.

만물 가운데 가장 뛰어나다.

하늘과 땅이 만물의 부모이고, 사람은 만물의 영장이다.
음과 양의 두 기운이 서로 사귀고 느껴서 만물이 생겨난다. 만물을 낳고
낳는 변화가 끝이 없는데 오직 사람만이 가장 빼어나고 영명한 것을 얻
었다.

순서대로 《서경》과 《태극도설》에 나오는 말입니다. 사람이 만물의
영장이 될 수 있는 것은 사람의 지각 능력 또는 신이 인간에게 부여해
준 특별한 능력 때문이 아니라, 도덕적 판단을 할 수 있고 그 판단에
따라 행위할 수 있는 유일한 존재이기 때문입니다. 곧 인간이 만물을
지배하고 신을 대신해서 관리한다는 지배적 측면에서의 영장이 아니
라, 도덕적 판단과 도덕적 행위 속에서 인간은 물론 만물의 생육을 돕
는 공생적 측면에서의 영장인 것입니다.

천지의 마음을 부여받았다.

사람이 천지의 마음이다.
천지는 사람을 가장 귀하게 여긴다.

《예기》와 《효경》의 말입니다. 사람은 생물학적 삶을 살아가야 하는

제한적 존재이기는 하지만, 산다는 행위 그 자체를 위해 사는 것이 아니라 자신의 삶과 다른 삶에 의미를 갖게 할 수 있는 존재입니다. 존재에 의미를 부여한다는 것은, 마지못해 사는 삶, 어쩔 수 없이 사는 삶을 즐겁고 신나는 삶으로 바꿀 수 있습니다. 존재 의미를 찾거나 존재에 의미를 부여할 수 있는 능력은 사람에게 있는 것이며, 사람의 그 능력은 하늘에 기원합니다. 하늘이 모든 존재들을 낳고 살린 것처럼, 사람도 하늘의 마음을 본받아 뭇 존재들을 살리고 키울 수 있는 것입니다.

능력은 곧 책임이다

그런데 사람이 모든 면에서 특별한 능력과 지위를 부여받은 것은 아닙니다. 사람의 신체적 조건은 다른 동물에 비해 각각의 기능이 특별나지 않습니다. 그렇지만 만물을 살리고 키우는 특별한 지위를 갖고 있는 것이 사람입니다. 중요한 것은, 특별한 지위는 그에 어울리는 책임이 있다는 것입니다. 그런데 사람으로서 가져야 할 책임은 사람의 특성 속에서 설명할 수 있습니다.

첫째는 다른 사람을 존중하라는 것입니다. 사람은 하늘로부터 생겨났기 때문에 자신의 궁극적 근본인 하늘에 대해 경외감을 가져야 합니다. 마치 나의 뿌리인 부모를 섬겨야만 하는 것과 같습니다. 그래서 《예기》에서는 "어진 사람이 어버이를 섬기는 것은 하늘 섬기는 것과 같다."라고 하고 있습니다. 어버이를 섬기는 것은 문안 인사를 드린다거나 봉양한다거나 하는 구체적 실천 방법이 있습니다. 그렇지만 하늘을 섬긴다는 것은 무엇을 해야 한다는 것인지 구체적이지 않습니다. 그래서 우리는 대부분 일상생활 속에서 하늘을 잊은 채 살아갑니다. 어떻게 하는 것이 하늘을 섬기는 것인지 애매하지요. 이렇게 생각해 봅시다. 부모를 섬기는 것 가운데 부모의 뜻을 헤아려 그대로 실행하라는 지침이 있습니다. 마찬가지로 사람의 근원이 하늘이라면 하늘이 우리에게 원하는 것이 있을 것입니다. 앞에서 천지의 마음이 곧 사람의 마음이라고 했습니다. 그렇게 본다면 스스로를 하늘이라고 자각하고 타인도 하늘로 맞아 주는 것이 하늘의 뜻이고, 그것을 실천하는 것이 하늘을 섬기는 것이 됩니다.

둘째는, 자연을 보호하고 가꾸라는 것입니다.

사람은 천지의 능력을 얻었기 때문에 천지의 덕과 통한다. 동물들의 날고 달리는 성질을 알아 이용할 수 있고, 풀과 나무의 성질을 알아 농사지을 수 있으며, 좋은 약으로 아픈 것을 고칠 수 있다.

대진의 말입니다. 이는 사람이 만물의 성질을 파악하여 생리적, 육체적 불리함을 극복할 수 있다는 것을 말합니다. 사람이 살아가기 위해서는 다른 생명인 동식물을 취해야만 합니다. 그렇다고 해서 사람만을 생명으로 여긴다면 하늘의 마음을 가졌다고 할 수 없습니다. 하늘의 마음은 모든 것의 태어남과 자람을 돕습니다. 마찬가지로 만물을 인간의 생존에 필요한 도구로만 여기는 것이 아니라, 만물 각자의 본성을 잘 살려 나가는 것도 인간의 책임입니다.

셋째는 도덕을 확립하라는 것입니다.

사람이 어질지(仁) 않으면 예(禮)는 해서 무엇하며, 어질지 않으면 악(樂)은 해서 무엇하리요.

공자의 말입니다. 예의범절이든 즐거움이든 모두 사랑(仁)에 뿌리를 두어야 함을 강조하는 것이지요. 내면적 도덕성에 근거하지 않은 예의는 거짓 예의, 곧 허례허식에 불과하며, 온갖 지적 심미적 행위도 한갓 재미만을 추구하는 몸짓에 지나지 않는다는 것입니다.

물과 불은 기운은 있으나 생명이 없고, 풀과 나무는 생명은 있으나 지각 능력이 없으며, 짐승들은 어느 정도의 지각 능력은 있으나 의(義)가 없다. 사람은 기운과 지각 능력도 있고 의도 있다. 따라서 사람이 천하에서 가장 소중하다.

순자의 말입니다. 사람이 귀중한 까닭은 그 능력이 물리적 힘이나 지각, 인지 능력에 그치지 않고 옳고 그름을 구별하고 옳음을 추구하고자 하는 도덕적 능력까지 포함하기 때문이라는 말입니다.

사람이 사람으로서의 역할을 다하면 대인大人, 군자君子가 되고 그렇지 않으면 소인小人이 됩니다. 대인과 소인은 신분이나 직급을 나타내는 말이 아니라 인격의 수준을 말합니다. 소인은 눈앞의 이해관계를 중하게 여기고, 대인은 옳고 그름을 행위의 기준으로 삼습니다.

4부

백성을 그물질하지 마라,
왕도정치

01
군주는 백성을
거울로 삼아야 한다

정책의 향방은 오직 민심에 있다

전국시대의 지식인은 정권을 잡은 사람이 백성을 위한 정치를 하도록 가르치고 조언하는 역할을 했지만, 백성을 위한 정치를 시행하는 주체는 군주였습니다. 지금과 달리 맹자가 살던 시대의 정책 결정은 군주의 몫이었습니다. 민주주의 사회의 시민과 달리 당시의 백성은 정치에 참여할 수 없는 계층이었습니다. 백성은 언제나 정치의 뒷전에 있었으며, 정책 결정에 참여하지 못했을 뿐만 아니라, 시행된 정책을 비판하고 감시하는 일은 꿈도 꾸지 못했습니다. 백성은 오직 정치의 대상이고 수혜자일 뿐이었습니다. 그래서 군주는 백성을 자신의 꿈을 이루는 수단으로 여겼지, 백성을 정치의 목적으로 여기지 않았습니다. 백성은 군주의 전쟁에 동원되는 군사였으며, 영토를 확장하기 위해 황무지를 개간할 때 투입되는 노예였습니다. 백성은 온갖 세금과 노동에 시달렸으며, 그런 백성의 생사여탈권을 군주가 쥐고 있었습니다. 자신의 영역 안에 있는 백성의 숫자가 많을수록 더 강한 힘이 있는 군주로 여겨졌기 때문에, 군주는 더 많은 백성을 얻기 위해 다른 나라를 정복하는 전쟁을 벌이고 계속해서 황무지를 개간했습니다. 그런 상황에서 제나라의 선왕도 연나라를 정벌했습니다.

제나라가 연나라를 쳐서 승리했다.

제 선왕 : 어떤 이는 과인에게 연나라를 취하라고 하고, 어떤 이는 취하지 말라고 하오. 만승의 나라인 우리 제나라가 만승의 나라인 연나라를 50일 만에 이겼으니 사람의 힘으로는 이에 이르지 못했을 것입니다. 취하지 않으면 반드시 하늘의 재앙이 있을 것이니 취하는 것이 어떻겠소?

맹자 : 취해서 연나라 백성들이 기뻐할 것이라면 취하십시오. 옛사람 가운데 그런 일을 실행하신 분이 있는데 그분이 바로 무왕이십니다. 취해서 연나라 백성들이 기뻐하지 않을 것이라면 취하지 마십시오. 옛사람 가운데 그런 일을 실행하신 분이 바로 문왕이십니다. 만승의 나라로 만승의 나라를 정벌하였는데, 정벌당한 백성들이 대바구니에 밥을 가득 담고 호리병에 국을 담아 와서 왕의 군대를 환영하는 것이 어찌 다른 뜻이 있겠습니까. 수화水火를 피하기 위할 뿐이니, 물이 더 깊어지고 불이 더 뜨거워진다면 백성들은 다른 곳으로 갈 것입니다.

〈양혜왕 하〉 10

연나라 왕이 자신의 나라를 신하인 정승에게 양보하려 하자 나라가 매우 혼란스러워졌습니다. 그때를 틈타 제나라가 연나라를 정벌한 것입니다. 연나라와 제나라는 본래 국력이 대등했습니다. 한쪽이 일방적으로 한쪽을 이길 수 없는 힘의 균형이 깨지자, 그 틈을 타서 정벌한 것입니다.

제나라 선왕은, 대등한 국가를 짧은 시일에 이겼으니 하늘이 이기도록 허락한 것 아니냐는 논리로 맹자에게 정벌의 정당성을 확인받고 싶어 합니다. 그에 대해 맹자는, 정벌의 정당성은 백성에게 있다고 대답합니다. 정벌을 하는 것도 정벌을 그만두는 것도 오직 민심에 달렸음을 무왕과 문왕의 예를 들어 강조합니다.

폭군인 주왕 시절에 문왕이 실질적으로 천하의 3분의 2를 지배하고 있었으나 주의 상나라를 섬겼으며, 무왕이 즉위한 지 13년이 되어서야 주왕을 정벌했습니다. 문왕이 주를 섬긴 것은 힘이 부족해서가 아니라, 상나라 백성의 일부가 아직 자신의 군주인 주왕을 옹호하고 있었기 때문입니다. 그런데 주왕의 폭정이 더욱 심해지자 주왕의 백성들이 정벌해 주기를 원했고, 비로소 무왕이 주왕을 정벌한 것입니다.

정벌은 군주의 영토를 확장하고 백성의 숫자를 늘리는 수단이 아니라 백성들의 삶의 복리를 위한 방편이어야 합니다. 군주의 정치적 결정 근거는 오직 민심의 향방에 달려 있어야 합니다. 정치는 민심을 따라야 한다는 맹자의 사상은 정치 영역 밖에 있던 백성을 정치의 핵심으로 끌어들인 것입니다. 백성들의 마음이 정책 결정의 궁극적 판단 기준이 되어야 한다는 것은 백성들이 정치와 권력의 뿌리가 되어야 함을 뜻합니다. 그래서 군주가 백성의 마음과 다른 방향으로 정책을 펼친다면, 그 정책뿐만 아니라 정책을 시행한 군주의 존립 근거도 없어지는 것입니다.

공자는 "임금은 임금답고, 신하는 신하답고, 아버지는 아버지답고, 자식은 자식다워야 한다."라고 하여 이름에 걸맞은 역할을 할 것을 강조했습니다. 그 말을 그대로 이해하면 임금답지 않은 임금은 임금이 아닌 것이 됩니다. 맹자는, 백성의 삶을 보살펴주는 것이 임금이라고 보고 있습니다. 따라서 임금의 자리에 앉아 있기 때문에 임금이 아니라, 백성을 보살펴주어야 진정한 임금이 되는 것입니다.

제 선왕 : 탕이 걸왕을 쫓아내고, 무가 주왕을 정벌하였다고 하니, 그런 일이 있었소?

맹자 : 책에 전하고 있습니다.

제 선왕 : 신하가 임금을 시해하는 것이 옳은 것이오?

맹자 : 인仁을 해치는 자를 적賊이라고 하고, 의義를 해치는 자를 잔殘이라고 합니다. 잔적한 사람은 한 사내일 뿐이라고 합니다. 한 사내인 주를 베었다는 소리를 들었지, 임금을 시해했다는 말은 듣지 못했습니다.

賊仁者謂之賊, 賊義者謂之殘, 殘賊之人謂之一夫. 聞誅一夫紂矣, 未聞弑
적 인 자 위 지 적   적 의 자 위 지 잔   잔 적 지 인 위 지 일 부   문 주 일 부 주 의   미 문 시
君也.
군 야

〈양혜왕 하〉 8

걸과 주가 천하를 잃은 것은 그 백성을 잃었기 때문이고, 백성을 잃은 것은 그들의 마음을 잃었기 때문이다. 천하를 얻는 방법이 있으니, 그 백성을 얻으면 천하를 얻는 것이다. 백성을 얻는 방법도 있으니, 그 마음을 얻으면 그 백성을 얻는다. 그 마음을 얻는 방법이 있으니, 그들이 원하는 바를 모아 주고 싫어하는 바를 그들에게 베풀지 않는 것이다. 백성들이 인자(仁者)에게 돌아오는 것은 물이 아래로 흐르며 짐승이 들판으로 달리는 것과 같다.

그래서 연못에 물고기를 몰아주는 것은 수달이고, 숲으로 새를 몰아주는 것은 매이고, 탕과 무를 위해 백성을 몰아준 것은 걸과 주이다.

지금 천하의 임금 가운데 인을 좋아하는 자가 있으면 모든 제후들이 그를 위해 백성들을 몰아줄 것이니, 그리하면 왕 노릇을 하려고 하지 않아도 할 수밖에 없을 것이다.

桀紂之失天下也, 失其民也, 失其民者, 失其心也. 得天下有道, 得其民, 斯
得天下矣. 得其民有道, 得其心, 斯得民矣. 得其心有道, 所欲與之聚之, 所
惡勿施爾也. 民之歸仁也, 猶水之就下, 獸之走壙也.

〈이루 상〉 9

맹자의 사상 가운데 가장 파격적이면서도 가장 맹자다운 말입니다. 백성들의 마음을 잃은 걸과 주는 이미 천자가 아닙니다. 흉폭하고 잔악해서 천리를 해치는 자이기에 '적(賊)'이고, 질서를 어지럽히고 인륜을 상하게 하기에 '잔(殘)'일 뿐입니다. 아무리 천자의 자리에 앉아 있다고 하더라도, 천리와 인륜을 해치고 상하게 한다면 백성들이 등을 돌립니다. 천자의 자리보다 천리와 인륜이 먼저이고 뿌리이기 때문입니다. 백성들이 등을 돌렸다면 이미 천자가 아니기에, 탕과 무가 걸과 주를 쫓아낸 것은 아랫사람이 윗사람을 범한 반란이나 반역이 아닙니다. 탕과 무는 백성들이 원하는 바가 무엇인지를 알아 그대로 해 준 것뿐입니다. 자신의 이익과 권력을 늘리기 위해 걸과 주를 쫓아낸 것이 아니라, 백성들의 잔혹한 생활을 차마 두고 볼 수 없어서 걸과 주를 내쫓은 것입니다. 따라서 탕과 무의 행위는 반역이 아니라 정당한 혁명입니다. 혁명은 정권을 바꾼다는, 표면적으로 드러나는 사태가 아니라 백성들이 원하는 방향으로 정권을 돌린다는 의미입니다.

"정권을 가진 사람은, 정치 지도자는, 군주는, 대통령은 모두 백성을 거울로 삼아야 한다. 모든 정치적 정당성은 오직 백성에게 있다. 모든 정치권력은 백성으로부터 나온다. 모든 정치는 백성들의 삶을 위해 시행되어야 한다."

맹자가 하고자 한 말들입니다. 그래서 맹자는 직설적으로 백성이 근본이라는 것을 말합니다.

백성이 귀하고, 사직이 다음이며, 임금이 가장 가볍다.
그래서 백성의 마음을 얻으면 천자가 되고, 천자에게 신임을 얻으면 제후가 되고, 제후에게 신임을 얻으면 대부가 된다.
제후가 사직을 위태롭게 하면 제후를 바꾼다.

짐승과 곡식의 제물을 성대하게 차려 제사를 제때에 지내는데 가뭄과
홍수가 들면 사직을 바꾼다.

民爲貴, 社稷次之, 君爲輕. 是故得乎丘民而爲天子, 得乎天子爲諸侯, 得
민위귀 사직차지 군위경 시고득호구민이위천자 득호천자위제후 득
乎諸侯爲大夫. 諸侯危社稷, 則變置. 犧牲旣成, 粢盛旣潔, 祭祀以時, 然
호제후위대부 제후위사직 즉변치 희생기성 자성기결 제사이시 연
而旱乾水溢, 則變置社稷.
이한건수일 즉변치사직

〈진심 하〉 14

백성보다는 제후가 더 높은 자리에 있고 귀합니다. 제후보다는 천
자가 높은 자리에 있으며 귀합니다. 그런데 그 천자는 백성에 의해서
만 천자일 수 있습니다. 백성을 위해 제후와 천자가 있는 것이지, 제후
와 천자를 위해 백성이 있는 것이 아닙니다. 그래서 천하 백성의 마음
을 얻으면 천자가 되는 것입니다. 사직은 백성의 삶이 편안하기를 기
원하는 제단입니다. 결국 임금과 사직은 모두 백성을 위해 있을 뿐이
며, 백성을 위해 있을 때만이 존재의 정당성을 확보할 수 있다는 것이
맹자의 주장입니다.

천하는 백성의 것이다

천자를 세우는 것도 백성이고, 천자를 내리는 것도 백성입니다. 나
라가 망하는 것은 임금이 백성의 삶을 보살피지 않아서이고, 나라가
서는 것은 백성들이 원하는 것을 임금이 모아주어 백성이 그것을 받

아들였을 때 가능합니다.

만장 : 요가 천하를 순에게 주었다고 하는데 그런 일이 있었나요?

맹자 : 아니다. 천자가 천하를 남에게 줄 수 없다.

만장 : 그렇다면 순이 가진 천하는 누가 준 것입니까?

맹자 : 하늘이 주신 것이다.

만장 : 하늘이 주었다는 것은 그렇게 하라고 자세하게 명령한 것입니까?

맹자 : 아니다. 하늘은 말하지 않는다. 행적과 사실로써 천하를 줄지 보여 줄 뿐이다.

만장 : 행실과 업적으로써 보여 준다는 것은 무엇을 말하는 것입니까?

맹자 : 천자가 하늘에 사람을 추천할 수는 있지만, 하늘로 하여금 천하를 주도록 할 수는 없다. 제후가 천자에게 사람을 추천할 수는 있지만, 천자로 하여금 제후를 주도록 할 수는 없다. 대부가 사람을 제후에게 추천할 수는 있지만, 제후로 하여금 대부를 주도록 할 수는 없다.

옛날에 요가 순을 하늘에 추천하니 하늘이 그것을 받아들이셨고, 백성들에게 드러내니 백성들이 받아들였다. 그래서 '하늘은 말하지 않는다. 행실과 업적으로 보여 줄 뿐이다.'라고 말하는 것이다.

만장 : 감히 묻습니다. 하늘에 추천하니 하늘이 받아들이시고, 백성에게 드러내니 백성들이 받아들였다는 것은 무엇인지요.

맹자 : 순이 제사를 주관함에 온갖 신들이 제사를 받아들였으니 하늘이 받아들이신 것이다. 순이 일을 주관함에 잘 다스려져 백성들이 평안해

지니 이것은 백성들이 받아들인 것이다. 하늘이 받아주고 백성들이 받아준 것이니, '천자가 천하를 남에게 줄 수 없다.'라고 말하는 것이다.

(중략)

《서경》〈태서〉에는 "하늘은 우리 백성들이 보는 것으로 보며, 하늘은 우리 백성들이 듣는 것으로 듣는다."라고 하니, 이것을 이른 것이다.

〈만장 상〉 5

　천하는 천자의 것이 아니라 백성의 것입니다. 천하는 주고받을 수 있는 물건이 아닙니다. 오직 하늘과 백성이 받아들여 주었을 때만이 천자가 될 수 있습니다. 하늘이 받아 주는 것은 온갖 신들이 제사를 받아 주는 것입니다. 제때에 비가 오고, 해가 비치고, 추위와 더위가 알맞은 것 등이 신들이 제사를 받아 주는 징표입니다. 홍수가 지거나 가뭄이 들고, 너무 추워 곡식이 영글지 않거나 너무 더워 곡식이 타 들어간다면 백성의 삶은 피폐해질 것입니다. 천기가 고르지 않은 것은 백성의 마음을 표현한 것입니다.

　하늘의 마음은 백성에게 있습니다. 하늘의 마음은 백성을 잘 살게 하고자 하는 것입니다. 형체가 없는 하늘은 백성을 통해 마음을 드러냅니다. 백성의 삶이 고달파지면 하늘은 천자의 제사를 받지 않고, 천기를 고르지 않게 하여 천자에게 경고합니다. 그래도 천자가 백성을 돌보지 않으면 백성을 위해 새로운 천자를 세웁니다. 나라를 세우는 것은 결국 백성의 마음입니다. 아무리 성군인 순임금이라도 백성이 원하지 않으면 천자가 될 수 없습니다. 아무리 성군인 요임금이라도 사사롭게 천하를 남에게 넘길 수 없습니다. 오직 백성이 받아 줄 때 천자가 될 수 있는 것입니다.

하늘은 오직 백성의 눈과 귀로 보고 듣습니다. 백성이 고달프면 하늘은 징벌을 내립니다. 그래서 민심이 천심이라고 하는 것입니다. 천심은 사사로울 수 없습니다. 천심은 공정하고 백성의 편입니다. 따라서 임금된 자가 소중하게 여길 것은 돈과 권력이어서는 안 되는 것입니다.

> 제후가 보배로 여겨야 할 것이 세 가지이다. 토지와 백성과 정사政事이다. 구슬과 옥을 보배로 여기는 자는 재앙이 반드시 몸에 미칠 것이다.
>
> 諸侯之寶三, 土地, 人民, 政事. 寶珠玉者, 殃必及身.
> 제후지보삼 토지 인민 정사 보주옥자 앙필급신

〈진심 하〉 28

임금의 자리에 있는 자는 남보다 보물을 많이 가질 수 있습니다. 그러나 보물을 귀하게 여기는 자는 임금의 자리에 있을 자격이 없습니다. 임금의 자리는 보물을 꿰고 앉아 있는 자리가 아니라, 토지를 비옥하게 하고 백성을 살찌울 좋은 정치를 해야 할 책임이 우선하는 자리입니다.

02
백성을
그물질하지 마라

배고프면 떳떳할 수 없다

군주의 자리는 백성을 살릴 수도 있고 죽일 수도 있는 자리입니다.
군주는 백성을 죽여 자신을 살찌우는 것이 아니라, 자신을 죽여 백성
을 살리는 자리여야 합니다. 그렇지만 군주는 자신이 살찌는 것이, 백
성을 죽음으로 몰고 가고 있기 때문이라는 것을 잘 모른다고 맹자는
비판합니다.

양 혜왕 : 과인이 가르침을 받기를 원하오.

맹자 : 사람을 죽이는 데 몽둥이로 죽이는 것과 칼로 죽이는 것이 다릅니
까?

양 혜왕 : 다르지 않소.

맹자 : 칼로 죽이는 것과 정치로 죽이는 것에 차이가 있습니까?

양 혜왕 : 차이가 없소.

맹자 : 임금의 푸줏간에는 살찐 고기가 있고 마구간에는 살찐 말이 있는 데, 백성들이 굶주린 기색이 있고 들판에는 굶어 죽은 시체들이 있다면 이것은 짐승을 몰아서 사람을 잡아먹게 한 것과 같습니다. 짐승끼리 서 로 잡아먹는 것 또한 사람들이 좋아하지 않는데, 백성의 부모가 되어 정 사를 펴면서 짐승을 몰아서 사람을 잡아먹게 하는 것도 면하지 못한다 면 어찌 백성의 부모가 되겠습니까.

庖有肥肉, 廐有肥馬, 民有飢色, 野有餓莩, 此率獸而食人也. 獸相食, 且人
포유비육 구유비마　민유기색 야유아표 차솔수이식인야　수상식　차인

惡之, 爲民父母, 行政不免於率獸而食人, 惡在其爲民父母也.
오지　위민부모　행정불면어솔수이식인　오재기위민부모야

<양혜왕 상> 4

　　임금은 백성들의 세금으로 살아갑니다. 백성이 없으면 임금도 없 는 것입니다. 그런데 임금은 잘 먹고 좋은 옷을 입는데 백성은 굶주리 고 있다면, 임금을 살찌우기 위해 백성은 죽어가는 것과 같습니다. 임 금이 잘 먹고 잘 입는다는 것은 임금의 주방에 고기가 넘쳐나고, 창고 에 옷가지가 넘쳐나며, 마구간에 잘 보살펴진 말이 있는 것입니다. 그 렇다면 주방의 고기를 위해, 화려한 옷가지들을 위해, 보살펴지는 말 을 위해 백성들이 먹을거리와 입을 거리를 바친 셈입니다. 짐승을 몰 아서 사람을 죽인 것과 다름없는 것이지요. 그래서 임금의 자리는 백 성을 살리기도 하고, 죽이기도 할 수 있는 자리라고 하는 것입니다. 임

금이 할 일은 백성을 죽음으로 몰아 자신이 살찌는 것이 아니라, 백성을 살찌게 하는 것이어야 합니다. 백성을 살리는 방법은 다른 것이 아닙니다. 백성들의 먹고사는 방법을 살펴 도와주는 것입니다.

등문공 : 나라를 다스리는 방법이 무엇이오?

맹자 : 백성들의 생업을 게을리할 수 없습니다. 《시경》에 "낮에는 띠를 베어오고, 밤이 되면 새끼를 꼬아서 지붕을 빨리 이어야 온갖 곡식을 파종할 수 있다."라고 했습니다.

백성들이 살아가는 방법은 일정한 생업이 있으면 떳떳한 마음이 있으며, 일정한 생업이 없으면 떳떳한 마음도 없어집니다. 떳떳한 마음이 없어진다면 방탕과 사치를 하지 않음이 없을 것입니다. 백성들을 죄에 빠뜨린 후에 쫓아서 형벌을 가한다면 그것은 백성을 그물질하는 것입니다. 지도자의 위치에 있으면서 어찌 백성을 그물질할 수 있겠습니까. 그래서 현명한 임금은 반드시 공손하고 검소하며 아랫사람을 예로써 대우하고 백성들에게 세금을 거둘 때에 절제합니다.

民之爲道也, 有恒産者有恒心, 無恒産者無恒心. 苟無恒心, 放辟邪侈, 無
민지위도야 유항산자유항심 무항산자무항심 구무항심 방벽사치 무
不爲已. 及陷乎罪, 然後從而刑之, 是罔民也. 爲有仁人在位, 罔民而可爲
불위이 급함호죄 연후종이형지 시망민야 언유인인재위 망민이가위
也. 是故賢君必恭儉禮下, 取於民有制.
야 시고현군필공검예하 취어민유제

〈등문공 상〉 3

떳떳한 마음이란 자신에게 주어진 도덕적 본성인 인의예지를 거스

르지 않을 때 나옵니다. 남의 것을 훔쳤다면 떳떳할 수 없습니다. 게으른 사람은 부지런한 사람에게 주눅이 듭니다. 어른에게 자리를 양보하지 않으면 괜히 죄의식이 듭니다. 모두 자신의 본성에 충실하지 못해서 떳떳함을 잃은 것이지요. 아름다운 사회는 모든 사람이 떳떳한 마음으로 사는 사회일 것입니다.

그런데 백성들에게 떳떳한 마음은 일정한 생업이 보장되는 데서 옵니다. 생업이 일정치 않다는 것은 삶의 보장이 없다는 것을 말합니다. 내일 먹고 입을 것이 보장되는 않는 사람이 도덕적인 행동을 하기는 어렵습니다. 먹을 것이 생기면 내일을 기다리지 않고 있는 대로 다 먹어 버릴 것입니다. 아니면 남의 것을 빼앗아 먹으면서, 옆에서 굶주리는 사람은 안중에 두지도 않을 것입니다. 사람으로서의 가치를 모두 저버린 꼴이 되는 것이지요. 그때서야 사람들에게 벌을 주려고 하는 것은 마치 짐승을 몰아 그물에 가두는 것과 다르지 않습니다.

임금이 가장 먼저 해야 할 일은 바로 백성의 먹고사는 문제를 해결해 주는 것이고, 임금이 이루어야 할 목표는 백성들이 떳떳한 마음으로 살 수 있도록 해주는 데 있다는 것이 명확해집니다.

현자를 높이고 재능 있는 자를 기용하여 뛰어난 인물들이 있을 자리에 있으면, 천하의 선비들이 모두 기뻐하여 그 조정에서 벼슬하기를 원할 것이다.

시장에서 자릿세만 받고 물건에 대해서는 세금을 걷지 않거나 법대로 처리하고 자릿세조차 받지 않는다면, 천하의 상인들이 기뻐하여 그 시장에 물건을 보내려고 할 것이다.

관문에서는 살펴보기만 하고 통행세를 받지 않으면, 천하의 여행자들이 모두 기뻐하여 그 길로 가길 원할 것이다.

농사짓는 자들에게 공전公田을 경작하게만 하고 사전私田에는 세금을 매기지 않으면, 천하의 농부들이 모두 기뻐하여 그 들판에서 농사짓기를 원할 것이다.

집집마다 부역과 뽕나무 경작을 대신해서 걷는 세금을 없애면, 천하의 백성들이 모두 기뻐하여 그곳의 백성이 되기를 원할 것이다.

이 다섯 가지를 잘 실행한다면 이웃나라의 백성들이 그를 부모처럼 우러러 볼 것이다. 그래서 이웃나라의 군주가 자신의 백성들이 부모처럼 여기는 나라를 공격한 것이 백성들이 있은 이래로 성공한 자가 없었다. 이와 같으면 천하에 대적할 자가 없다. 천하에 대적할 자가 없는 것이 천리天吏이니, 천리이면서도 왕답지 않은 왕이 된 사람은 없었다.

〈공손추 상〉 5

위에서 맹자가 말한 바에 의하면 백성들의 삶을 보살피는 방안은 다섯 가지입니다. 그런데 이 다섯 가지를 더 크게 나누면 두 가지로 요약할 수 있습니다. 첫째는 세금을 많이 걷지 않는 것이고, 둘째는 사람들이 각자 제자리를 찾게 해주는 것입니다. 이 두 가지 방안 가운데 세금을 많이 걷지 않는 방법은 구체적으로 네 가지입니다. 시장의 상인에게는 자릿세만 받고 물건에 대해서는 세금을 매기지 않고, 여행자에게는 검문만 하고 통행세를 받지 않으며, 농민에게는 사전私田에 세금을 매기지 않고, 집집마다 주민세를 받지 않는 것입니다. 그렇게 한다면 모든 상인들, 여행자들, 농민들, 거주민들은 그런 곳에서 생업을 꾸려나가기를 원할 것입니다.

첫째 방안이 생업에 종사하는 백성들을 보살피는 것이었다면, 둘째는 재능 있고 덕이 있는 사람들에 대한 것입니다. 재능 있고 덕 있는 사람, 곧 지식인들은 직접 생산에 종사하지는 않습니다. 그러나 생업에 종사하는 사람들이 생업에 전념할 수 있도록 제도와 정치적 서비스, 교육을 담당하는 사람들입니다. 그런 사람들이 있을 곳에 있다면, 그 혜택은 생업에 종사하는 사람들에게 돌아갈 것입니다.

차마 하지 못하는 마음으로

아름다운 세상을 만드는 것이 왕의 임무이자 책임입니다. 그런데 그런 세상을 만드는 것은 어렵지 않습니다. 세금을 줄이고 능력 있는 사람을 관리로 등용하면 됩니다. 그 쉬운 일을 못해 내는 이유는 자신에게 주어진 본성을 발휘하지 않기 때문이라고 맹자는 말합니다.

임금은 백성의 부모와 같은 자리입니다. 부모가 옳은 일을 하면 자식은 그것을 따라 합니다. 부모가 옳지 못한 일을 하면 자식은 그보다 더 나쁜 일을 주저 없이 합니다. 그래서 임금이 자신의 이로움을 좇으면, 신하와 백성들도 자신의 이로움을 위해 무슨 일이라도 할 것입니다. 따라서 아름다운 세상은 임금에 의해 좌지우지될 수 있다고 맹자는 말하는 것입니다.

> 임금이 인仁해지면 인해지지 않는 것이 없으며, 임금이 의로워지면 의로워지지 않는 것이 없으며, 임금이 바르면 바르지 않은 것이 없다. 한번 임금이 바르면 나라가 안정되는 것이다.
>
> 君仁莫不仁, 君義莫不義, 君正莫不正. 一正君而國定矣.
> 군인막불인 군의막불의 군정막부정 일정군이국정의

〈이루 상〉 20

나라 안정의 열쇠는 임금에게 달려 있습니다. 임금이 인의를 실천하면 인의가 넘치는 세상이 됩니다. 그런데 인의는 다른 곳에 있는 것이 아니라 바로 자신의 마음속에 있습니다. 나에게 본성으로 주어져 있는 것입니다. 부모가 착한 본성을 회복하여 실현하면 그 집안이 아름다워질 것입니다. 임금이 그 착한 본성의 실마리를 찾아 정치에 적용하면 온 나라가 편안해질 것입니다. 착한 사람이 될 가능성도, 좋은 정치를 할 실마리도 모두 자신의 마음에 있는 것입니다. 그래서 맹자는 제 선왕에게 차마 하지 못하는 마음으로 정치할 것을 권유하는 것입니다.

제 선왕 : 제 환공과 진 문공의 일에 대해 들을 수 있겠소?

맹자 : 공자의 가르침을 좇는 사람들은 환공과 문공의 일에 대해 말하지 않았습니다. 그래서 후세에 전해 들은 것이 없습니다만, 굳이 이야기하라면 왕도王道에 대해 말하겠습니다.

제 선왕 : 덕德이 어떠하면 왕다운 왕이 될 수 있겠소?

맹자 : 백성을 보호하면서 왕 노릇을 하면 막을 자가 없을 것입니다.

제 선왕 : 과인과 같은 사람도 백성을 보살필 수 있겠소?

맹자 : 가능합니다.

제 선왕 : 무슨 이유로 내가 가능하다는 것을 아는 것이오?

맹자 : 호흘에게 다음과 같은 이야기를 들었습니다. 왕께서 당상에 앉아 계시는데, 소를 끌고 앞을 지나가는 사람이 있었습니다. 왕께서 그것을 보시고 소를 어디로 데려가느냐고 물으셔서, 제물로 쓰려 한다고 하자 왕께서는 "놓아주어라. 두려움에 벌벌 떨며 죄도 없이 사지로 끌려가는 것을 차마 볼 수 없다."라고 하셨습니다. "그렇다면 제물을 쓰지 말까요?"라고 하자 "어찌 제물을 폐할 수 있겠는가. 양으로 바꾸어라."라고 하셨다고 합니다. 잘 알지 못하겠으나 그런 일이 있었습니까?

제 선왕 : 그런 일이 있었소.

맹자 : 그런 마음이면 왕 노릇을 충분히 할 수 있습니다. 백성들은 모두 왕께서 재물을 아꼈다고 여기지만, 저는 왕이 차마 하지 못하는 마음 때문이었다는 것을 압니다.

제 선왕 : 그렇소. 내가 진실로 재물을 아낀다고 비난하는 백성들이 있습니다. 제나라가 비록 좁고 작으나 내가 어찌 소 한 마리를 아끼겠소. 다

만 두려움에 벌벌 떨며 죄도 없이 사지로 끌려가는 것을 차마 볼 수 없었소. 그래서 양으로 바꾸라 한 것이오.

맹자 : 백성들이 왕더러 재물을 아꼈다고 하는 것을 이상하게 생각하지 마십시오. 왕께서 작은 양으로 큰 소를 바꾸었으니 그들이 왕께서 차마 하지 못하는 마음 때문에 바꾼 것을 어찌 알겠습니까. 왕께서 죄 없이 사지로 끌려가는 것을 측은하게 여기셨다면 소와 양을 구별했겠습니까.

제 선왕 : (웃으면서)진실로 그것이 어떤 마음인가요. 내가 재물을 아껴서 양으로 바꾼 것이 아니지만, 백성들은 응당 내가 재물을 아끼는 것으로 알고 있구려!

맹자 : 상심하지 마십시오. 그것이 바로 인(仁)을 베푸는 방법입니다. 소는 눈앞에서 보았고 양은 보지 못했기 때문입니다. 군자는 짐승을 대할 때, 살아 있는 것을 보고는 그것이 죽는 것을 차마 보지 못합니다. 죽으면서 울부짖는 소리를 들으면 그 고기를 차마 먹지도 못하는 것입니다. 그래서 군자는 푸줏간을 멀리하는 것입니다.

제 선왕 : (기뻐하며)《시경》에 "다른 사람의 마음을 내가 헤아린다."라고 했는데 선생을 두고 한 말인 것 같소. 내가 해놓고 돌이켜 찾아보아도 내 마음을 알지 못했는데 선생이 말씀하시니 제 마음이 뭉클합니다. 이 마음이 왕다운 왕이 되는데 들어맞는 까닭은 무엇이오?

맹자 : 누군가가 왕에게 "나의 힘은 백 균을 들기에 충분하지만 깃털 하나를 들 수 없고, 내 눈은 짐승 솜털의 끝도 살필 수 있으나 수레에 실은 나무 섶을 볼 수 없습니다."라고 하면 왕께서는 인정하시겠습니까?

제 선왕 : 아니오.

맹자 : 그런데 지금 왕의 은혜는 짐승에게 미치기에는 충분하면서 백성에게 공이 가지 않는 것은 유독 어째서입니까? 깃털 하나를 들지 못하는 것은 힘을 쓰지 않은 것이고, 수레에 실린 나무 섶을 보지 못하는 것은 밝은 시력을 쓰지 않았기 때문이고, 백성들이 보살핌을 받지 못하는 것은 은혜를 베풀지 않았기 때문입니다. 왕이 왕다운 왕이 아닌 것은, 하지 않은 것이지 할 수 없는 것이 아닙니다.

제 선왕 : 하지 않는 것과 할 수 없는 것의 차이를 설명해 주시오.

맹자 : 태산을 옆에 끼고 북해를 뛰어넘는 것을 사람들에게 "나는 할 수 없다."라고 말한다면, 그것은 진실로 할 수 없는 것입니다. 어른을 위해 나뭇가지를 꺾어 드리는 것을 "나는 할 수 없다."라고 말한다면, 그것은 하지 않는 것이지 할 수 없는 것이 아닙니다. 왕께서 왕다운 왕이 아닌 것은 태산을 옆에 끼고 북해를 뛰어넘는 것과 같은 종류여서가 아닙니다. 왕께서 왕다운 왕이 아닌 것은 나뭇가지를 꺾는 것과 같은 종류일 뿐입니다.

내 어른을 어른으로 섬겨서 다른 어른에게까지 미치며, 내 아이를 아이로 사랑해서 다른 아이에게까지 미친다면, 천하를 손바닥 위에 올려놓고 움직일 수 있습니다. 《시경》에서 "나의 처에게 모범이 되어 형제에게까지 미쳐 집과 나라가 다스려진다."라고 했습니다. 이 마음을 가지고 저쪽으로 확대한 것입니다. 그래서 은혜를 미루어 넓혀 가면 온 세상을 살필 수 있지만 은혜를 넓히지 않는다면 처자도 보호할 수 없는 것입니다. 옛사람들이 뛰어난 이유는 다른 것이 아닙니다. 그 하는 바를 잘 넓혔을 뿐입니다. 지금 은혜가 짐승에게는 미치면서 유독 백성에게는 공이 가지 않는 것은 무슨 까닭입니까. 저울질을 하고서야 무겁고 가벼움을 알며, 자로 재어 본 뒤에야 길고 짧음을 압니다. 만물과 만사가 모두 그러하거니와 그 가운데서도 마음은 더욱 그렇습니다. 왕께서는 마음을 헤아려 보소서.

老吾老, 以及人之老, 幼吾幼, 以及人之幼, 天下可運於掌.
노오로 이급인지로 유오유 이급인지유 천하가운어장

〈양혜왕 상〉 7

왕다운 왕이 되는 것은 가깝고도 쉽습니다. 그것은 전쟁을 통해 영토를 확장하거나, 재화를 늘리거나, 다른 나라가 항복해 오기를 기다리는 데 있지 않습니다. 죽어 가는 짐승을 보고 안타깝고 불쌍하게 여기는 마음이 있어 그 짐승을 살려 주었다면, 왕다운 왕이 되는 것은 나라를 손바닥 위에서 굴리는 것보다 더 쉽습니다.

지금 나의 나라와 이웃 나라가 싸운다고 칩시다. 누구 편을 들겠습니까? 당연히 나의 나라일 겁니다. 우리 마을과 옆 마을이 축구 시합을 한다고 칩시다. 누구를 응원하겠습니까? 당연히 우리 마을일 겁니다. 나의 아버지와 옆집 아저씨가 다툰다고 합시다. 누구에게 마음이 갈까요? 당연합니다. 나의 아버지입니다. 먹을 것이 생기면 짐승보다 사람에게 먼저 줄 것입니다.

짐승이 끌려가는 모습을 보고 측은한 마음이 들었다면, 이미 본성에 선행의 씨앗이 있다는 것을 확인한 셈입니다. 자신에게 있는 능력을 쓰지 않는 것은, 안 하는 것이지 못하는 것이 아닙니다. 왕다운 왕이 되는 것은 안 하는 것이지 못하는 것이 아닙니다. 왕다운 왕이 되고자 한다면 짐승과 백성 가운데 무엇에 먼저 은혜를 베풀어야 할까요? 당연히 사람인 백성입니다.

내게 있는 사랑과 은혜를 가장 먼저 베풀 곳은 나의 가족입니다. 나의 가족에게 베푼 사랑과 은혜를 이웃 어른에게까지 미치고, 나의 아이들을 사랑하는 마음을 이웃 어린이에게까지 미쳐야 합니다. 이웃집 어린이는 사랑하면서 자신의 아이를 사랑하지 않는 부모는 없습니다. 이웃집 어른은 공경하면서 자신의 부모를 미워하는 사람도 없습니다. 또 자신의 백성을 두고서 이웃 나라 백성의 굶주림을 걱정하는 임금도 없습니다. 자신의 자식보다 이웃집 아이를, 자신의 부모보다 이웃집 어른을, 자신의 백성보다 이웃나라의 백성을 더 사랑하는 사람은 사람보다 짐승에게 먹을 것을 먼저 주는 사람과 같습니다.

왕다운 왕이 될 가능성은 이미 주어져 있습니다. 모든 사람의 마음에는 차마 하지 못하는 마음이 있기 때문입니다. 그 차마 하지 못하는 마음으로 정치를 하면 왕다운 왕이 됩니다. 그런데 지금, 왕다운 왕이 아닌 것은 하지 않는 것이지 못하는 것이 아닙니다. 차마 하지 못하는 마음은 사랑의 마음입니다. 사랑은 나에게서 가까운 곳으로부터 베풀어져, 이웃과 사회를 거쳐 만물에까지 넓혀 나가는 것입니다. 임금의 사랑은 내 백성을 먼저 사랑하고, 그 사랑을 나라의 짐승이나 만물에게로 확대하는 것입니다. 짐승에 대한 사랑을 먼저하고 백성을 뒤로 하는 일은 있을 수 없습니다. 그래서 맹자는 무엇이 길고 짧은지, 무엇이 무겁고 가벼운 것인지 자와 거울로 재어보듯이 자신의 마음을 헤아려 보라고 말합니다. 왕의 은혜가 짐승에게는 미치고 백성에게 이르지 않는 이유가, 물건을 사랑하는 마음은 무겁고 백성을 사랑하는 마음은 가벼워서가 아닌지 말입니다.

03
왕다운 왕이
되는 길

마음으로 따르게 하라

차마 하지 못하는 마음으로 정치를 하는 임금은 백성을 자식 돌보듯 돌볼 것이 분명합니다. 그리고 백성을 자식처럼 여기는 임금은 신하와 관리들 또한 겸손하고 공손하게 대할 것입니다.

임금이 신하 보기를 자신의 손과 발처럼 하면 신하는 그 임금 보기를 자신의 배와 심장으로 여긴다. 임금이 신하 보기를 개와 말처럼 하면 신하는 그 임금 보기를 길거리에 오가는 사람으로 여긴다. 임금이 신하 보기를 흙과 풀처럼 하면 신하는 그 임금 보기를 원수로 여긴다.

君之視臣如手足, 則臣視君如腹心. 君之視臣如犬馬, 則臣視君如國人. 君
군 지 시 신 여 수 족   즉 신 시 군 여 복 심   군 지 시 신 여 견 마   즉 신 시 군 여 국 인   군

之視臣如土芥, 則臣視君如寇讐.
지 시 신 여 토 개   즉 신 시 군 여 구 수

정책을 보좌하는 신하와 실질적으로 정책을 실행하는 관리들이 임금과 같은 마음일 때, 백성을 보호하는 정책을 시행할 수 있습니다. 그래서 임금은 신하와 관리 들을 자신의 마음과 일체화시켜야 하고, 그러기 위해서는 신하를 자신의 몸처럼 여겨야 합니다. 손과 발은 마음이 가는 대로 움직입니다. 손과 발이 없으면 마음이 하고자 하는 일을 실현시킬 수 없습니다. 그래서 손과 발은 소중합니다. 임금이 신하를 손과 발처럼 여긴다는 것은 소중하게 여긴다는 것이고, 그러면 신하는 임금의 마음을 자신의 마음으로 여깁니다. 즉 임금과 신하가 일체가 되는 것이지요.

신하를 개와 말처럼 여긴다는 것은 임금 마음대로 부려먹는 것을 말합니다. 그렇지만 개와 말이기에 먹여 주기는 합니다. 그러면 신하는 임금을 자신에게 은혜를 베풀지 않는, 자신과는 관계없는 길거리를 오가는 사람으로 여깁니다. 임금의 명령과 마음이 신하를 통해 백성에게 전달될 리가 없는 것이지요. 그러면 아무리 좋은 정책을 내놓아도 실행되지 않을 것입니다.

신하를 흙과 풀처럼 대한다는 것은 먹여 주기는커녕 발로 밟고 베는 듯이 대하는 것을 뜻합니다. 그러면 신하는 임금을 원수로 대할 것이 당연합니다. 존중해 주지도 않고, 먹고사는 길을 열어 주지도 않고 이용만 하다가 나중에는 죽음에 이르게 할 것이 뻔하기 때문입니다.

임금이 선한 마음으로 아랫사람을 대할 때, 아랫사람은 진정으로 임금을 따를 것입니다. 그래서 맹자는 아랫사람을 진정으로 따르게 하는 것에 대해 다음과 같이 말합니다.

선善으로 남을 복종시키려 하는 자는 진정으로 복종하는 자를 얻지 못한다. 선으로써 상대방을 길러 준 후에야 천하가 복종하니, 천하가 마음으로 복종하지 않고서 왕다운 왕이 된 사람은 없었다.

以善服人者, 未有能服人者也. 以善養人, 然後能服天下. 天下不心服而王
이 선 복 인 자 미 우 능 복 인 자 야 이 선 양 인 연 후 능 복 천 하 천 하 불 심 복 이 왕
者, 未之有也.
자 미 지 유 야

〈이루 하〉 16

돈이나 권력, 물리적 힘을 이용하여 남을 복종시키려는 사람은, 자신보다 더 많은 돈과 더 큰 권력, 더 강한 물리적 힘을 가진 사람에게 복종하는 것을 받아들이는 자입니다. 만약 임금이 자신의 권력으로 신하를 복종시키려 한다면, 신하는 힘을 길러 언젠가는 임금을 제압하려 할 것입니다.

아랫사람을 마음으로 따르게 하려면 그를 자신의 손과 발처럼 여기면 됩니다. 또 아랫사람으로 하여금 함께 선을 행하도록 유도하는 것입니다. 임금과 신하의 선행은 백성을 보호하는 데에 있습니다. 백성을 자식 돌보듯 대하는 데 신하를 동참케 하면 신하는 임금을 마음

으로 따를 것입니다. 왜냐하면 자신도 임금의 백성 가운데 하나이기 때문입니다.

임금이 신하를 자신의 손과 발처럼 여기는 이유는 백성을 보호하기 위해서여야지, 사적인 이익을 위함이어서는 안 됩니다. 신하를 공적으로 대하지 않고 사적인 신하로 여기면 백성들은 등을 돌립니다.

추나라와 노나라가 서로 싸웠다.

추목공 : 나의 유사有司 가운데 전사자가 33명인데, 백성들은 죽은 자가 없소이다. 그 백성들을 베려고 하니 모두 벨 수 없고, 베지 않으려 하니 윗사람이 죽어 가는 것을 보고도 구하려 하지 않을 것이니 어찌하면 좋겠소.

맹자 : 흉년이 들어 기근이 심한 해에 군주의 백성들 가운데 노약자들은 먹을 것을 찾아 헤매다가 죽은 시신이 구덩이에 뒹굴었고, 장성한 자들은 사방으로 흩어진 사람이 수천 명입니다. 그런데도 창고에는 곡식과 재물이 꽉 차 있었습니다. 유사들이 이런 사정을 군주께 알리지 않았으니, 이것은 윗사람이 태만하여 아랫사람을 해친 것입니다. 증자가 "경계하고 경계하라. 네게서 나온 것은 네게로 돌아간다."라고 했습니다. 백성들이 지금에야 되갚음을 한 것이니 군주께서는 백성들을 탓하지 마십시오. 군주께서 인정仁政을 행하시면 백성들이 윗사람을 친애하여 윗사람을 위해 죽을 것입니다.

〈양혜왕 하〉 12

임금은 윗사람이고 유사는 아랫사람입니다. 하지만 유사는 윗사람이고 백성은 아랫사람입니다. 백성은 언제나 아랫사람입니다. 그러나 윗사람에게는 아랫사람이 잘 살아가도록 하기 위한 책임이 있습니다. 아랫사람은 윗사람이 하는 것을 그대로 따라합니다. 윗사람인 유사가 아랫사람이 죽어 가는 것을 두고 보았기 때문에, 아랫사람인 백성이 유사가 죽는 것을 그대로 두고 본 것은 당연합니다.

아랫사람이 윗사람을 위해 죽기를 바란다면, 윗사람이 죽음으로 아랫사람을 살려 줄 때만 가능합니다. 윗사람이 먼저입니다. 윗사람이 모범을 보일 때 아랫사람은 마음으로 따릅니다.

저 태양은 언제 없어질 것인가

윗사람이 아랫사람의 아픔과 기쁨을 함께하는 것보다 좋은 본보기는 없습니다. 임금이 백성의 아픔과 기쁨을 함께할 때, 백성은 임금을 위해 죽을 수도 있는 것입니다. 백성이 임금을 위해 기꺼이 죽을 수 있게 하기 위해 백성의 아픔과 기쁨을 함께하는 것이 아니라, 그들의 아픔을 아파하고 기쁨을 기뻐하기 때문에 백성은 임금과 함께 아파하고 기뻐할 수 있는 것입니다.

맹자가 양 혜왕을 알현하였는데, 왕이 연못가에 서서 큰 기러기와 사슴과 고라니 등을 둘러보고 있었다.

양 혜왕 : 현자賢者도 또한 이런 것을 즐기나요?

맹자 : 현자여야만 즐길 수 있는 것입니다. 어질지 못한 자는 이런 것을 갖고 있다 하더라도 진정으로 즐길 수 없습니다. 《시경》에는 다음과 같은 이야기가 있습니다. "왕이 누각을 만들려 계획하고 실행코자 하시니, 백성들이 앞 다투어 몰려들어 하루도 되지 않아 완성되었네. 서두르지 말라고 해도 백성들은 아들이 아버지 일에 달려오듯 하였네. 왕이 백성들이 만든 동산에 오르니 사슴들이 가만히 엎드렸고, 사슴들은 살쪄 윤택하고, 백조들은 즐겁게 날았네. 왕이 백성들이 만든 연못으로 가니 물고기들이 뛰어놀았네."

문왕이 백성들의 힘으로 누각과 연못을 만들었으나, 백성들이 그것을 기뻐하여 누각을 영대靈臺라 부르고, 연못을 영소靈沼라 했습니다. 문왕이 사슴과 물고기와 자라를 갖게 됨을 즐거워하였으니, 옛사람들은 백성과 더불어 즐겼습니다. 그래서 즐길 수 있었던 것입니다.

또한 《서경》에는 다음과 같은 이야기도 있습니다. "저 태양은 언제 없어질 것인가. 내가 너와 함께 망하리라!" 백성들이 함께 망하고자 한다면 비록 연못과 관상용 동물을 가지고 있더라도 어찌 홀로 즐거워할 수 있겠습니까?

〈양혜왕 상〉 2

문왕은 백성의 힘으로 누각과 연못을 지었지만, 백성들은 임금을 위해 노동하는 것을 즐거워했습니다. 또 자신들의 힘으로 지은 누각과 연못에 이름을 짓고 그것을 문왕이 즐기는 것을 즐거워했습니다. 그 까닭은 문왕이 백성들을 사랑했기 때문입니다. 문왕이 백성을 사랑하고 또 백성들은 문왕이 즐거워하는 것을 보고 즐거워하였기 때문에 누각과 연못을 지어준 것이며, 백성들이 즐겁게 일하는 것을 문왕이 또 즐거워할 수 있었던 것입니다.

반면 걸왕은 스스로를 태양에 비유하여, '내가 천하를 소유함은 하늘에 태양이 있는 것과 같다. 태양이 없어져야 내가 망한다."라고 했습니다. 걸왕은 모진 정치를 일삼았기 때문에 백성들이 "저 태양은 언제 없어질 것인가. 내가 너와 함께 망하리라!"라고 원망의 노래를 부른 것입니다.

임금이 홀로 즐기고 백성을 보살피지 않으면, 백성이 원망하여 결국 임금은 자신의 즐거움을 즐길 수 없습니다. 임금의 즐거움은 오직 백성의 즐거움을 함께하는 것에만 있어야 합니다.

백성의 즐거움을 즐거워하는 임금이 소유하고 있는 것은 그것이 아무리 크더라도 백성이 원망하지 않습니다. 백성과 함께 즐거워하는 임금이 소유하고 있는 것은 백성과 함께 사용하기 때문입니다.

제 선왕 : 문왕의 동산은 넓이가 70리라고 하는데, 그렇소?

맹자 : 그렇게 전해지고 있습니다.

제 선왕 : 그렇게나 컸소?

맹자 : 백성들은 오히려 작다고 여겼습니다.

제 선왕 : 과인의 동산은 넓이가 40리인데 백성들은 오히려 넓다고 여기는 것은 무슨 까닭이오?

맹자 : 문왕의 동산은 넓이가 70리이지만, 꼴 베고 나무하는 사람들이 드나들며 꿩과 토끼를 잡는 사람들도 그곳에 들어가도록 해서 백성과 함께하였으니, 백성들이 작다고 여기는 것이 당연하지 않겠습니까.

제가 제나라의 국경에 처음 이르렀을 때, 나라에서 엄하게 금지하는 것을 물은 뒤에야 들어왔습니다. 그때 들으니 성 밖 근교에 동산이 40리인데 그곳의 사슴을 죽이는 자는 살인죄로 다스린다고 했습니다. 이는 나라 안에 40리에 해당하는 함정을 만들어 놓은 것이니 백성들이 크다고 여기는 것 또한 당연하지 않겠습니까.

〈양혜왕 하〉 2

백성의 즐거움을 함께하는 군주와 그렇지 않는 군주의 차이를 적절하게 설명하고 있는 대목입니다. 왕다운 왕은 자신의 것을 백성과 함께합니다. 백성과 함께 즐기는 임금의 것은 아무리 커도 크다고 여겨지지 않습니다. 그러나 임금 자신만 즐기는 임금의 것은 아무리 작아도 작다고 여겨지지 않습니다. 그래서 왕다운 왕이 되는 길은 백성과 함께하는 것뿐입니다.

장포가 맹자를 뵙고 말했다.

장포 : 제가 왕을 뵈었을 때, 왕께서 "그대는 음악을 좋아하는구려." 라고

하셨는데 저는 대답하지 못했습니다. 음악을 좋아하는 것을 어떻게 생각하십니까?

맹자 : 왕이 음악을 매우 좋아한다면 제나라는 거의 다스려질 것입니다.

다른 날에 맹자가 왕을 뵈었다.

맹자 : 왕께서 일찍이 장포에게 음악을 좋아한다고 말씀하셨다고 들었는데 그런 일이 있었습니까?

왕이 부끄러워 얼굴빛이 바뀌며 말했다.

제 선왕 : 과인은 선왕의 음악을 좋아하는 것이 아니라 다만 세속의 음악을 좋아할 뿐이오.

맹자 : 왕께서 음악을 매우 좋아하신다면 제나라는 거의 다스려질 것입니다. 지금의 음악과 옛 음악은 같습니다.

제 선왕 : 더 자세하게 들을 수 있겠소?

맹자 : 홀로 음악을 즐기는 것과 다른 사람과 더불어 즐기는 것 중 어느 쪽이 더 즐겁습니까?

제 선왕 : 남과 함께하는 것이오.

맹자 : 적은 사람과 음악을 즐기는 것과 많은 사람과 음악을 즐기는 것 중 어느 쪽이 더 즐겁습니까?

제 선왕 : 많은 사람과 함께 즐기는 것이오.

맹자 : 제가 왕을 위해 음악에 대해 말씀드리고자 합니다.

지금 왕께서 이곳에서 음악을 연주하시는데, 백성들이 왕의 종소리와 피리소리를 듣고는 머리 아파하고 이마를 찌푸리며 "우리 왕이 음악 연주를 즐김이여! 우리들로 하여금 어찌 이 지경에 이르게 했는가. 부자간에 서로 만나지 못하며 형제와 처자가 헤어지게 하는가!"라고 서로 말한다고 합시다. 또 왕께서 이곳에서 사냥을 하시는데, 백성들이 왕의 수레와 말소리를 듣고 깃발을 보고는 머리 아파하고 이마를 찌푸리며 "우리 왕이 사냥을 좋아함이여! 우리들로 하여금 어찌 이 지경에 이르게 했는가. 부자간에 서로 만나지 못하며 형제와 처자가 헤어지게 하는가!"라고 서로 말한다면 그것은 다른 것이 아니라 백성과 더불어 즐기지 않았기 때문입니다.

지금 왕께서 이곳에서 음악을 연주하시는데, 백성들이 왕의 종소리와 피리소리를 듣고는 모두 흔쾌히 기뻐하며 "우리 왕께서 병이 없으신가 보다. 음악을 연주하시는구나!"라고 서로 말한다고 합시다. 또 왕께서 이곳에서 사냥을 하시는데 백성들이 왕의 수레와 말 소리를 듣고 깃발을 보고는 모두 흔쾌히 기뻐하며 "우리 왕께서 병이 없으신가 보다. 사냥을 나오셨구나!"라고 서로 말한다면, 그것은 다른 것이 아니라 백성과 더불어 즐겼기 때문입니다. 지금 왕께서 백성과 더불어 즐긴다면 왕다운 왕이 되시는 겁니다.

〈양혜왕 하〉 1

'백성과 더불어 즐긴다.(여민동락與民同樂)'는 것은, 음악을 좋아하는 마음이 있다면 그 마음을 미루어 어진 정치를 행하는 것과 같습니다. 맹자가 살던 전국시대는 임금들이 자기 자신만을 위하였기 때문에 백성들의 삶은 곤궁하기 그지없었습니다. 그래서 맹자는 음악을 좋아하는 마음이 있다면 그 좋아하는 마음을 백성과 함께 하기를 권한 것입니다. 만약 임금이 백성을 버리고 혼자만 즐거워한다면, 백성의 피고름을 짜서 자신의 배를 채우는 것과 같습니다. 천하의 즐거움을 자신의 즐거움으로 여기는 자만이 왕다운 왕이 될 수 있는 것입니다.

제 선왕이 설궁雪宮에서 맹자를 뵈었다.

제 선왕 : 현자賢者도 또한 이런 즐거움이 있소?

맹자 : 있습니다. 그런데 아랫사람이 이런 즐거움을 누리지 못한다면 윗사람을 비난할 겁니다. 즐거움을 얻지 못했다고 해서 윗사람을 비난하는 것도 옳지 못한 것이고, 백성의 윗사람이 되어 백성과 함께 즐거워하지 않는 자도 또한 잘못입니다. 백성들이 즐거워하는 바를 즐거워하는 자는 백성 또한 그의 즐거움을 즐거워하고, 백성들이 근심하는 바를 근심하는 자는 백성 또한 그의 근심을 근심합니다. 천하로써 즐거워하며 천하로써 근심하고서도 왕다운 왕이 되지 못한 사람은 있지 않았습니다.

不得而非其上者, 非也, 爲民上而不與民同樂者, 亦非也. 樂民之樂者, 民
부 득 이 비 기 상 자   비 야   위 민 상 이 불 여 민 동 락 자   역 비 야   낙 민 지 락 자   민
亦樂其樂, 憂民之憂者, 民亦憂其憂. 樂以天下, 憂以天下, 然而不王者, 未
역 락 기 락   우 민 지 우 자   민 역 우 기 우   낙 이 천 하   우 이 천 하   연 이 불 왕 자   미
之有也.
지 유 야

〈양혜왕 하〉 4

이제 왕다운 왕이 되는 길은 명확해졌습니다. 자신의 즐거움을 즐거워하는 것이 아니라 백성들이 즐거워하는 바를 즐거워하고, 자신의 근심을 근심하는 것이 아니라 백성들이 근심하는 바를 근심하는 자가 왕다운 왕인 것입니다. 백성의 즐거움을 즐거워하여 백성들이 그 임금의 즐거움을 즐거워한다면 즐거워하기를 천하로써 하는 것이고, 백성의 근심을 근심하여 백성들이 그 임금의 근심을 근심한다면 근심하기를 천하로써 하는 것입니다. 그러고도 따르지 않는 신하와 백성은 없습니다. 백성은 그런 임금을 원합니다. 백성은 그런 지도자에게 목숨도 바칠 수 있는 것입니다.

왕도정치는 군주제라는 정치체제를 바탕으로 합니다. 따라서 민주주의 시대인 지금에는 맞지 않는 면도 있습니다. 그러나 여기서 왕을 지도자로 바꾸어 이해한다면, 맹자의 왕도정치는 우리에게 여전히 강력한 메시지를 전달하고 있습니다.

자신의 이익을 위해 국민을 이용하는 지도자.

자신의 권력이 국민으로부터 온다는 것을 모르는 지도자.

재물을 쌓기 위해 부정을 저지르는 지도자.

국민을 자신의 아랫사람으로 얕보는 지도자.

국민은 경제적 고통을 받고 있는데 자신은 호의호식하는 지도자 등등.

그런 지도자들은 지도자의 자격이 없다고 맹자는 말하고 있습니다. 맹자에 의하면 지도자의 자격은 돈이나 학벌이나 경제력이 아닙니다. 지도자의 첫째 조건은 도덕성입니다. 도덕성을 바탕으로 정치를 할 때만이 바른 정치가 됩니다.

지금 우리 사회는 도덕적인 정치를 하고 있는 걸까요? 학벌, 인맥에 의한 정치를 하고 있는 것은 아닐까요? 맹자가 우리에게 질문을 던지고 있습니다.

04
군자가 되는 길

　'군자'는 이상적 인격 자체를 뜻하기도 하며, 도덕적 이상을 실천하는 사람을 뜻하기도 합니다. 말하자면 이미 인격을 완성한 사람을 뜻하기도 하고, 인격을 완성하기 위해 노력하는 사람을 뜻하기도 하는 것입니다. 어떤 의미이든 간에 군자는 사람으로서의 도리를 실천하는 것, 곧 도덕을 실현하는 문제와 관련이 있습니다.

　진정한 의미의 군자는 경제, 정치적 지위와 관계없는 것이기 때문에 군자가 되기 위한 수양은 남에게 보이기 위한 것이 아닙니다. 중요한 것은 내면으로부터 오는 도덕적 의무입니다. 누구나 노력하면 군자가 될 가능성이 있다는 면에서 유학은 열린 사상이라고 할 수 있습니다. 그러나 군자가 되는 것이 결코 쉬운 것이 아니라는 점에서, 혹은 현실에서 군자의 인격을 이루기가 불가능에 가깝다는 점에서는 엄격한 면이 있습니다. 군자가 되는 것이 쉽게 주어지는 것이라면 '바람직한 인간'이라는 수식어가 붙지도 않았을 것입니다. 공자조차도 군자의 길을 가기가 어렵다는 것을 토로하고 있습니다. 노력과 수양을 통해 이루어 낼 수 있는 것이기에 더욱 가치 있다고 할 수 있습니다.

군자의 길은 세 가지가 있는데 나는 그것을 잘 해내지 못하고 있다. 어진 사람은 근심이 없고, 지혜로운 사람은 의심하지 않으며, 용감한 사람은 두려워하지 않는다.

군자는 의義에 바탕을 두고, 예로써 행하고, 겸손으로 나아가며, 믿음으로 이루어 낸다. 아, 군자여!

군자는 돈, 명예, 지위와 같은 욕구가 아니라 '그렇게 해야만 하는' 내재적 요구를 실현한 사람입니다. 내재적 요구이기에 당위성이 있지만, 그것을 이루기는 쉽지 않습니다. 공자에게 군자는 귀하고 높은 경지를 상징하는 것이며, 반드시 되어야만 하는 당위적 목표이기도 합니다.

배우기를 즐기는 사람

군자는 음식을 먹되 배부름을 추구하지 않고, 거처하되 안락함을 추구하지 않는다. 일에 임하여서는 민첩하게 하고, 말에 있어서는 신중하게

한다. 도가 있는 곳에 나아가 스스로를 바르게 하려 하니 배우기를 좋아
한다고 말할 수 있다.

공자의 말입니다. 먹고 자고 일하는 것 등의 일상사에서 일반인과
군자가 다르지 않습니다. 다만 군자는 먹는 것 자체, 거처하는 자체,
일하는 자체를 추구하거나 그것에 빠지지 않는 것입니다. 군자와 일
반인의 차이는 힘써 배우고자 하는 마음을 실천하고 있느냐의 차이일
뿐입니다. 그것은 보통 사람들이 바라는 것과 배치되는 것도 아닙니
다. 일반인은 배우고자 하는 욕망은 있으나 실천하지 못하고 있을 뿐
입니다.

남을 편안하게 해주는 사람

자로가 군자에 대해 물으니 공자가, "경敬으로써 자신을 수양하는 것이
다."라고 했다. "그것뿐입니까?"라고 물으니 공자가, "자신을 수양하여
사람들을 편안케 하는 것이다."라고 했다. 또 그것뿐이냐고 하니, "자신
을 수양함으로써 백성을 편안케 하는 것이다."라고 했다. 자신을 수양함
으로써 백성을 편안케 하고자 한 것은 요순이 이루고자 노력한 것이다.

도덕적이어야 한다는 내면의 요구에 군자는 최선을 다합니다. 그
런데 내면의 요구에 진실하게 응하면 그것이 행동으로 드러나기 마련

입니다. 도덕적이지 못한 사람이 주변에 있으면 불안할 것이고, 도덕적인 사람과 같이 있는 주변 사람들은 마음이 편할 것입니다. 군자는 자신에게 진실함으로써 스스로 편안해지고, 나아가 다른 사람들과 온 백성들도 편안해질 수 있는 것입니다. 이런 면에서 군자가 도달코자 하는 이상은 성왕과 다를 것이 없습니다. 그리고 한 사람의 군자는 수많은 사람들을 안락하게 만들 수 있습니다. 마치 테레사라는 왜소한 수녀 한 분이 수없이 가난한 사람들의 배고픔을 해결한 것처럼 말입니다.

도덕적인 사람

《예기》에는 군자에 대해 다음과 같이 말하고 있습니다.

군자는 충忠과 신信을 힘써 실천하고, 두 마음을 먹지 않으며, 인의仁義를 자신에게 둔다. 널리 배우지만 겉모양을 가지고 시비를 가리지 않으며, 생각을 깊게 하지만 말꼬투리를 붙잡아 다투지 않는다.

인의를 자신에게 둔다는 것은, 도덕적 가능성이 남바깥에게 있는 것이 아니라 자신에게 있다는 의미입니다. 충은 자신의 내면에 진실한 것을 말하고, 신은 타인과 관계를 맺음에 기초가 되는 것입니다. 앞에서도 언급했듯이 군자는 배우기를 즐기는 사람입니다. 널리 배우고 생각을 깊게 하는 것도 군자의 수양입니다. 인과 의, 충과 신, 배움과 생각 등은 계량화될 수 있는 것이 아닙니다.

덕성을 갖춘 군자는 나라의 중요한 일을 맡아 처리하여 백성들의 삶을 살찌게 하고 또 모범이 되어야 합니다. 이런 면에서 군자는 윗자리에 있는 사람을 뜻하기도 합니다. 거꾸로 말하면, 윗자리에 있는 사람은 반드시 군자의 덕행을 갖추어야 한다는 의미도 됩니다.

"군자이면서 어질지 않은 자가 있구려!"라는 공자의 한탄은, 윗자리에 있는 자는 반드시 군자의 덕행을 갖추어야 함을 역설적으로 표현한 것입니다. 공자는 또 "군자가 용기가 있으나 의롭지 못하다면 난을 일으킨다."라고도 했습니다. 이 또한 윗자리에 있는 자는 반드시 덕행을 갖추어야 함을 말하고 있습니다.

군자는 숭고한 인물입니다. 그래서 맹자는 다음과 같이 찬탄합니다.

아! 군자가 행하려 하는 것은 조화요, 지키려 하는 것은 신神이다. 위아래로 천지와 함께 흘러가니 어찌 작다 하리오!

군자는 자신을 바르게 하여 남을 편안케 하고, 우주 자연과 동화되는 위대한 인격인 것입니다.

5부

온 세상을
자기처럼 사랑하라

01
사회성은
인간의 본성

맹자가 꿈꾼 세상은 두 가지를 갖추어야 이루어집니다. 첫 번째는 먹고사는 일상의 일이 해결되어야 하고, 두 번째는 인간다움을 지키고 실현할 수 있어야 합니다. 이 두 가지가 실현되는 것이 바로 문명 세계입니다. 간단한 문제 같지만 우리 사회, 나아가 인류 사회는 아직도 먹고사는 문제를 다 해결하지 못하고 있습니다. 또한 모든 인간이 다른 인간을 인간으로서 대우하며, 자신 또한 인간으로서 대우받고 있는지도 생각해 볼 일입니다.

맹자는 문명을 지키기 위해 야만이나 반문명의 주장과 싸워야만 했습니다. 맹자가 맞서야 했던 야만과 반문명의 주장은 크게 두 가지입니다. 야만에 해당하는 것으로는 부국강병을 내세워 백성을 군주의 이익을 실현하는 수단으로 여기는 집단입니다. 법가, 종횡가 등이 이에 해당합니다. 또 하나는 백성의 이익을 대변한다고는 하지만 문명을 잘못 이해하거나 거부하는 반문명 집단입니다. 묵가, 양주, 농가 등이 이에 해당합니다.

맹자는 이들과 직접 논쟁을 벌이거나 혹은 간접적으로 비판합니다. 맹자가 비판하는 학파나 집단이 많은 셈이니, 맹자를 논쟁꾼으로 보는 것도 전혀 틀린 말은 아닐 듯합니다. 이에 대해 맹자는 다음과 같이 말합니다.

공도자 : 사람들이 모두 선생이 논쟁하기를 좋아한다고 합니다. 어째서 인지 감히 묻겠습니다.

맹자 : 내가 어찌 논쟁하기를 좋아하겠는가. 내가 부득이해서다. 세상에 사람이 살아온 지가 오래되었는데 한 번 다스려지고 한 번 어지러웠다.

(중략)

성왕이 나오지 않자 제후들이 방자해지고 초야의 선비들이 제멋대로 자기의 학설을 펼쳤다. 양주와 묵적의 말이 천하에 가득 차서, 천하의 말이 양주로 돌아가지 않으면 묵적으로 돌아간다. 양주는 위아爲我를 주장하니 이것은 임금을 부정하는 것이다. 묵씨는 겸애兼愛를 주장하니 이것은 아버지를 부정하는 것이다. 임금을 부정하고 아버지를 부정하는 것은 짐승이다.

공명의가 "푸줏간에는 살찐 고기가 있고 마구간에는 살찐 말이 있는데도, 백성들이 굶주린 기색이 있고 들판에 굶어 죽은 시체가 있다면, 이것은 짐승을 내몰아 사람을 잡아먹게 한 것이다."라고 했다. 양주와 묵적의 주장이 사라지지 않으면 공자의 도가 드러나지 못할 것이니, 이것은 부정한 학설이 백성을 속여 인의를 꽉 막히게 하는 것이다.

인의가 꽉 막히면 짐승을 내몰아 사람을 잡아먹게 하다가 끝내는 사람들이 서로 잡아먹을 것이다. 내가 그리할 것을 두려워하여 선성先聖의 도를 보호하고자 양주와 묵적을 막고, 방탕한 말들을 몰아내고 부정한 학설이 나오지 않도록 하는 것이다.

부정한 학설은 마음에서 나와 일을 해치며, 일을 해치면 정치를 해치나니 성인이 다시 나와도 내 말을 바꿀 수 없다. 나 또한 인심을 바로잡고, 부정한 학설을 종식시키고 편벽한 행동을 막으며 방탕한 말들을 쫓아내어 삼성三聖을 계승코자 하는 것인데 어찌 논쟁을 좋아하는 것이겠는가. 내가 부득이해서이다.

〈등문공 하〉 9

맹자는 세상이 '한 번 다스려지고 한 번 어지러워진다.(일치일란一治一亂)'라고 보았습니다. 그 역사적인 예가 원문의 '중략' 부분입니다. 요약하면 다음과 같습니다.

요임금 시절에는 대홍수가 나서 백성들이 구릉이나 동굴 같은 곳에서 살 수밖에 없었으니, 이것이 첫 번째 어지러움입니다. 그런데 우임금이 홍수를 다스려 사람들이 평지에 내려와 농사를 지으며 살 수 있었습니다. 이것이 첫 번째 다스려짐입니다. 첫 번째 어지러움은 일종의 천재지변이었고, 다스려짐은 천재지변을 극복한 것입니다.

그런데 백성을 사랑하는 요순의 도가 쇠하여 폭군들이 줄지어 일어났고, 주왕 시절에는 천하가 또 크게 어지러워졌습니다. 그래서 주공이 무왕을 도와 주를 토벌하여 천하가 다시 안정되었습니다. 이 어지러움은 폭군에 의한 것이고, 두 번째 다스려짐은 폭군을 정벌한 것입니다.

그 후 부정한 학설이 유행하고 신하가 임금을, 자식이 아비를 죽이는 하극상이 난무했습니다. 그래서 공자가 《춘추》를 지어 덕과 예를 드러내고, 난신들의 죄를 세상에 알렸습니다. 이것이 세 번째 어지러움과 다스려짐입니다.

이제는 맹자의 시대입니다. 공자 이후 다시 혼란스러워져 짐승을 내몰아 사람을 잡아먹게 하다가, 급기야는 사람끼리 잡아먹게 하는 시대라고 맹자는 자신의 시대를 진단하고 있습니다. 따라서 자신은 이 야만의 시대를 문명으로 다시 되돌리기 위해 그들을 배척하는 것이지 논쟁을 즐기는 것이 아니라고 강변하고 있는 것입니다.

맹자가 우선 배척하고자 한 사상은 양주와 묵적의 사상이었습니다. 양주가 개인주의에 기초한 은둔적 경향이 강한 사상가라면, 묵적은 개인적 감정을 버리고 똑같이 사랑하며 공동체의 이익에 헌신할 것을 주장합니다. 그렇지만 맹자 입장에서 볼 때, 사회성을 부정하는 개인주의는 의義를 해치는 것이며, 자연스러운 감정을 부정하는 공동체주의는 인仁을 해치는 것입니다. 맹자는 양주와 묵적의 사상을 인의를 해치는 사상이라고 본 것입니다. 인간 사회에 인의가 없다면, 이미 인간 사회가 아니라 약육강식의 자연세계입니다. 문명은 자연을 인간화하는 것이지, 인간의 자연화가 아니기 때문입니다. 그런 면에서 맹자는 양주와 묵적이 반문명이라고 생각한 것입니다.

자연인으로서의 자신을 가장 중요하게 생각한 양주는, 모든 문화와 제도는 개인의 삶을 왜곡시킨다고 보았습니다. 그래서 "사람들이 자신의 것이라면 털 한 올이라도 손상하는 것을 용납하지 않고 세상에 이익을 주려고 하지 않는다면 세상은 잘 다스려질 것이다."라고 말합니다. 양주의 말대로 사람들이 남의 삶을 간섭하지 않고 자신의 삶에만 전념한다면 세상은 평화로워질 수 있을 것입니다. 그러나 사람은 다른 사람과 맺는 관계 속에서만 사람입니다. 나는 아버지의 아들이고, 아들의 아버지이고, 스승의 제자이고, 친구의 친구이고, 삼촌의 조카이고, 아저씨의 이웃입니다. 나는 '실체로서의 나'이기 이전에 '관계로서의 나'인 것입니다. 나와 다른 사람과 맺는 관계의 기초는 바로 의義입니다. 양주는 자신만을 사랑할 줄 알았지, 자신의 몸을 바치는 의리를 알지 못한 것입니다. 결국 양주의 자연주의는 맹자에게 인간의 문명을 거부한 반문명과 같았습니다.

나의 아버지부터 사랑할 수밖에

묵자는 공자의 유학을 공부한 사람입니다. 그러나 공자의 인仁이 가족적 온정주의에 기초한 차별적 사랑이라고 보고, 그 차별적 사랑이 사람과 사람, 사회와 사회, 나아가 국가와 국가 사이의 갈등 원인이라고 봅니다. 그래서 묵자는 유학을 두 방면에서 비판하는데 첫째가 차별적 사랑인 인仁, 둘째가 허례허식의 예법이었습니다. 인은 차별적 사랑으로서 모든 갈등의 원인이 되고, 허례허식의 예법은 낭비와 사치를 조장하여 물질적 궁핍을 가져온다고 본 것입니다. 그래서 묵자는 인 대신 '겸애兼愛'를, 허례허식의 예법 대신 '교리交利'를 내세웁니다.

겸애는 나를 사랑하듯 다른 사람을 사랑하고, 자기 나라를 사랑하듯 남의 나라를 사랑하라는 것을 말합니다. 교리는 노동과 절약을 통해 이익을 증진시키고, 그 이익을 서로 나누자는 것입니다. 나를 사랑하듯 다른 사람을 사랑할 때 서로의 이익이 극대화될 것이라고 봅니다. 나를 사랑하듯 다른 사람을 사랑하라는 것은 사랑의 배타성을 부정하는 것입니다. 이것보다 저것을 더 사랑하지 말고, 이것과 저것을 똑같이 사랑하라는 것이죠. 우리와 그들을 구별 없이 사랑하라는 말입니다.

그런데 맹자에게 겸애는 자신의 아버지와 남의 아버지를 구별 없이 똑같이 사랑하라는 주장입니다. 나의 아버지와 남의 아버지를 똑같이 사랑하는 것이 가능할까요? 인仁이라는 것은 사람 사이의 사랑인데 그 사랑의 시작은, 아니 인간관계의 시작은 바로 부모와 자식입니다. 곧 인의 출발은 부모와 자식 관계인 것입니다. 그래서 부모와 자식간의 사랑이 모든 사랑의 기초요, 뿌리입니다. 더욱이 동물세계가 아닌 문명을 지향하는 인간이 부모에 대한 사랑을 부정한다면 문명이 설 기초가 없어집니다. 따라서 부모에 대한 사랑에 특별한 의미를 부여하고, 그 사랑을 이웃과 사회와 국가와 온 세계에 확대시켜야 한다는 것이 공자와 맹자의 생각입니다. 인간의 자연스러운 감정에서 볼 때, 자신의 부모를 사랑하지 않으면서 이웃을 사랑하는 것은 있을 수 없는 일입니다. 그런 사람이 있다면 그는 자신의 감정을 속이는 사람입니다.

묵자의 사상을 배운 이지가 서벽을 통해 맹자 뵙기를 원했다.

맹자 : 나도 꼭 보고싶다. 그런데 지금은 내가 병이 심하니, 병이 나으면 내가 가서 보리라. 이지는 오지 말라.

후일에 또 맹자를 뵙고자 하니 맹자가 말했다.

맹자 : 내가 지금은 만나볼 수 있다. 그런데 내가 그를 바로잡지 않으면 도가 드러나지 않을 것이니, 우선 내 의견을 말하겠다. 내가 듣건대 이지는 묵가라 했다. 묵가들은 상을 치르는 데 박하게 하는 것을 도로 여긴다. 이지는 세상을 묵가의 도로 바꾸려고 하니, 어찌 상을 박하게 치르는 것을 귀하다고 여기지 않겠는가. 그런데도 이지는 어버이의 장례를 후하게 했으니, 스스로 천하게 여기는 것으로 어버이를 섬긴 것이다.

서벽이 이지에게 말을 전하자 이지가 말했다.

이지 : 유학의 도에는 "옛 사람은 백성을 어린아이 돌보듯 한다."라고 했습니다. 이 말은 무엇을 이르겠습니까. 사랑에 차등을 두지 말라는 것이

며, 그 사랑의 시작은 어버이로부터 시작하라는 것으로 여기고 있습니다.

서벽이 맹자에게 이 말을 전하자 맹자가 말했다.

맹자 : 이지는 사람들이 형의 아이를 친하게 대하는 것과 이웃집의 아이를 친하게 대하는 것이 같다고 여기는 것인가? 잘못 이해하였으니, 어린아이가 우물에 기어 들어가는 것이 어린아이의 죄가 아니라는 것에 비유한 것이다. 또하늘이 만물을 낳는 것은 그로 하여금 근본(부모)을 하나로 한다. 그런데 이지는 근본을 둘로 여기는 것이다.

〈등문공 상〉 5

묵가 사상가인 이지는 겸애와 박장薄葬을 동시에 주장하고 있습니다. 그리고 겸애의 근거로 유학의 경전인 《서경》의 말을 인용함으로써 유학의 비판을 피하려고 합니다. 그런데 《서경》의 "백성을 어린아이 돌보듯 한다."라는 말은 백성들이 무지해서 죄를 범하는 것이 어린아이가 위험을 모르고 우물로 기어 들어가는 것과 같음을 비유한 것이지, 모든 사람을 차별 없이 사랑하라는 겸애를 말한 것이 아닙니다.

또 박장을 옳은 도리로 여기는 묵가의 이지가 자신의 부모상을 후하게 치른 것은, 묵가에게 가르침을 받았음에도 자신의 어버이를 특별히 사랑하는 것은 어쩔 수 없었음을 뜻합니다. 이지가 어버이의 장례를 후하게 치르고픈 것이 어쩔 수 없는 감정이었다고 한다면, 자신의 부모를 사랑하는 것에서 사랑이 비롯한다는 것을 부정할 수 없습니다. 부모(근본)는 하나이지 둘일 수 없습니다. 만약 나의 부모를 길에 지나다니는 사람과 똑같이 여긴다면 그것은 나의 근본을 여럿으로 여기는 것이고, 나아가 부모를 부정하는 것이 되고 맙니다.

모든 인간관계의 출발점이 되는 부모에 대한 사랑을 부정하는 묵자 또한 맹자의 입장에서 보면 반문명에 지나지 않는 것입니다.

양주는 위아爲我를 취해서, 자신의 털 한 개를 뽑아 천하가 이로울 수 있다 하더라도 하지 않는다.

묵적은 겸애兼愛를 추구하여, 이마를 갈아 발꿈치에 닿게 하더라도 천하에 이로움이 된다면 그것을 하였다.

楊子取爲我, 拔一毛而利天下, 不爲也. 墨子兼愛, 摩頂放踵, 利天下, 爲
양 자 취 위 아 발 일 모 이 리 천 하 불 위 야 묵 자 겸 애 마 정 방 종 리 천 하 위
之.
지

〈진심 상〉 26

맹자가 본 양주와 묵적입니다. 모든 사회적 관계를 부정하고 자신만을 소중하게 여기는 양주와, 인간의 자연스러운 감정을 무시하고 사회적 이익을 우선하는 묵자는 모두 인류와 문명을 부정하는 자들이라고 본 것입니다.

맹자는 인간의 사회성을 바탕으로 양주의 위아를 비판하고, 차별적 사랑을 인간의 본성으로 보아 묵자의 겸애를 비판합니다. 맹자가 볼 때 참다운 사랑은 자기애에 그치는 것이 온 세상을 자기처럼 사랑하

는 것이고, 온 세상을 자기처럼 여기는 출발점은 부모에 대한 사랑인 것입니다.

먹기만 하고 배우지 않으면 짐승이다

맹자가 반문명으로 비판한 또 하나의 사상이 농가입니다. 농가는 농기구를 만들고 농사짓는 법을 가르쳐 주었다는 전설상의 임금인 신농을 받드는 학파입니다. 농가는 전쟁으로 인한 과도한 세금에 시달리며 일하지 않는 계층에게 착취당하는 농민의 원망을 대변합니다. 그들은 복잡한 문명과 거대한 제국보다, 소박하고 자급자족하는 작은 사회를 꿈꾸었습니다. 따라서 임금이나 신하, 백성 모두가 농사를 지어야 한다고 주장합니다.

신농의 말을 실천하는 허행이 초나라에서 등나라로 와서 궁궐 문에 이르러 등문공에게 아뢰었다.

허행 : 먼 지방의 사람이 임금께서 인정仁政을 행하신다고 듣고 살아갈 터를 받아 백성이 되고자 합니다.

허행의 말을 들은 등문공이 거처할 곳을 주었는데, 그 무리 수십 명이 모두 갈옷을 입고는 신을 만들고 자리를 짜서 그것을 내다 팔아 먹을 것을 마련하였다.

진량의 문하인 진상이 그 아우 신과 함께 농기구를 지고 송나라에서 등나라로 와서 임금께 말했다.

진상 : 임금께서 성인의 정치를 하신다고 들었으니 분명 성인이십니다. 성인의 백성이 되기를 원합니다.

진상이 허행을 보고 크게 기뻐하여 그전에 배운 학문을 모두 버리고 그에게 배웠다. 진상이 맹자를 보고 허행의 말을 전했다.

진상 : 허행이 말하기를, "등나라의 임금은 진실로 현명한 임금이십니다. 그렇지만 아직 도를 듣지는 못했습니다. 현명한 임금은 백성과 더불어 밭을 갈아서 먹고, 밥을 짓고서 다스립니다. 지금 등나라에는 곡식을 넣어 두는 곳간과 재물을 쌓아 두는 창고가 있는데, 이것은 백성을 해쳐서 임금 자신을 봉양하는 것이니 어찌 현명할 수 있겠습니까." 라고 했습니다.

맹자 : 허행은 반드시 직접 곡식을 심어서 먹는가?

진상 : 그렇습니다.

맹자 : 허행은 반드시 직접 베를 짜서 옷을 해 입는가?

진상 : 아닙니다. 허행은 갈옷을 입습니다.

맹자 : 허행이 관을 쓰는가?

진상 : 그렇습니다.

맹자 : 어떤 관인가?

진상 : 흰 비단으로 만든 관입니다.

맹자 : 직접 그것을 짜는가?

진상 : 아닙니다. 곡식과 바꿉니다.

맹자 : 왜 허행이 직접 짜지 않는가?

진상 : 농사일에 방해가 되기 때문입니다.

맹자 : 허행은 가마솥과 시루로 밥을 짓고, 쇠붙이로 밭을 가는가?

진상 : 그렇습니다.

맹자 : 허행이 직접 그것을 만드는가?

진상 : 아닙니다. 곡식과 바꿉니다.

맹자 : 곡식을 도구들로 바꾸는 것이 도구를 만드는 사람을 해치는 것이 아니며, 도구를 만드는 사람들 또한 도구를 곡식과 바꾸는 것이 어찌 농부를 해치는 것이겠는가. 허행은 왜 스스로 모든 도구를 만들어 사용하지 않고 복잡하게 백공百工들과 교역하는가? 허행은 어째서 교역하는 번거로움을 마다하지 않는가?

진상 : 밭을 갈면서 여러 가지 도구를 모두 만들 수는 없습니다.

맹자 : 그렇다면 천하를 다스리는 것은 밭을 갈면서 할 수 있다는 것인가? 대인의 일이 있고 소인의 일이 있다. 또 사람 하나하나의 삶은 백공의 도움을 받는 것이다. 반드시 모든 것을 스스로 만들어 쓴다면 이것은 천하의 모든 사람을 분주하고 정신없게 만드는 것이다. 그래서 "어떤 이는 마음을 수고롭게 하고 어떤 이는 몸(힘)을 수고롭게 한다. 마음을 수고롭게 하는 자는 다른 사람을 다스리고, 힘을 수고롭게 하는 자는 남에게 다스려진다."라고 했다. 남에게 다스려지는 자는 다른 사람을 먹여주고, 남을 다스리는 자는 남에게 먹여지는 것이 천하에 통하는 의리다.

(중략)

진상 : 허행의 도를 따르면 시장의 물건 값이 두 가지가 되지 않아 온 나라가 거짓이 없어져, 키가 5척인 아이가 시장에 가도 속일 자가 없습니다. 베와 비단은 길이가 같으면 값이 서로 같습니다. 삼과 실, 생사와 송은 무게가 같으면 값이 같습니다. 곡식은 양이 같으면 값이 같습니다. 신발은 크기가 같으면 값이 같습니다.

맹자 : 물건들이 서로 고르지 않은 것이 물건의 실정이다. 값의 차이가 혹은 배가 되고, 혹은 다섯 배가 되기도 하며 혹은 열 배, 백 배가 되기도 하며, 혹은 천 배 만 배가 되기도 하는 것이다. 자네들은 서로 똑같이 하려고 하니 그것은 천하를 어지럽히는 것이다. 큰 신과 작은 신이 같은 값이면 사람들이 어찌 큰 신발을 만들겠는가. 허행의 도를 따르면 서로를 이끌어 거짓되게 할 것이니 어찌 능히 나라를 다스리겠는가.

有大人之事, 有小人之事. 且一人之身, 而百工之所爲備. 如必自爲而後用
유대인지사 유소인지사 차일인지신 이백공지소위비 여필자위이후용
之, 是率天下而路也. 故曰, 或勞心, 或勞力, 勞心者治人, 勞力者治於人,
지 시솔천하이로야 고왈 혹노심 혹노력 노심자치인 노력자치어인
治於人者食人, 治人者食於人, 天下之通義也.
치어인자식인 치인자식어인 천하지통의야

〈등문공 상〉 4

앞에 나온 양주가 인간의 공동체 자체를 부정했다면, 허행은 최소한의 식생활을 영위할 수 있는 작은 공동체를 지향했습니다. 그리고 생업 가운데 농업을 으뜸으로 하여 자급자족하기를 원했습니다. 결국 농가의 목적은 자급자족하는 삶입니다. 여기에서 자급자족은 먹고사는 것을 말합니다. 남의 도움 없이 먹고사는 것이 목표인 셈이지요.

그런데 그렇게 소박하게 살며 직접 농사를 짓는 허행조차도 농사를 짓는 데 필수적인 농기구, 밥을 짓는 데 필요한 솥을 직접 만들어 쓰지는 않습니다. 그것을 직접 만드는 것보다 농사를 지어 곡식과 바꾸는 것이 더 유용하기 때문입니다. 즉 허행도 분업과 교환의 필요성을 부정할 수 없는 것입니다.

분업과 교환 속에서 살아간다는 것은 사회적 관계를 형성하며 살아가는 것을 말합니다. 그런데 교환되는 재화가 반드시 물질적인 것만은 아닙니다. 분업과 물질적 재화의 교환이 잘 이루어지도록 통제하고 관리하는 것도 무형의 재화입니다. 물질을 생산하는 자와 물질을 생산하는 자를 관리하는 자가 있을 수밖에 없는 것입니다. 물질을 생산하는 자는 관리하는 자가 없으면 혼란해질 것이고, 관리하는 자는 물질을 생산하는 자가 없다면 굶주릴 것입니다.

한편으로 물건의 교환 기준이 길이, 무게, 크기 등 양적인 것에만 있는 것은 아닙니다. 물건에는 좋고 나쁨의 질적인 차이도 있습니다. 질적인 차이를 무시하고 양적인 기준만을 적용하는 것은 물건의 가치를 왜곡하는 것입니다. 따라서 서로 물건의 값어치를 속이는 결과를 가져올 것이기 때문에 정당한 교환이 이루어질 수 없습니다.

인간에게는 먹고사는 것 이외에 인간으로서 가치와 품위를 지키는 문제도 있습니다. 먹고사는 것이 해결되지 않으면 인간으로서의 가치도, 품위도 없어지는 것이 사실입니다. 그렇다고 먹고사는 것이 인간적 삶의 충분조건이 되는 것은 아닙니다. 먹고사는 것은 인간적 가치와 품위를 확보하기 위한 기초일 뿐이지 삶의 목표가 될 수 없습니다. 따라서 소박한 자급자족을 꿈꾸는 농가의 주장은 맹자가 볼 때 반문 명일 수밖에 없는 것입니다.

사람이 살아가는 데 배불리 먹고 따뜻한 옷을 입고 편안하게 거처하기 만 하고 배움이 없다면 금수에 가까워진다. 성인이 그것을 근심하여 설 을 사도로 삼아 인륜을 가르쳤다. 그것은 부모와 자식 사이에는 친함이 있어야 하며, 임금과 신하 사이에는 의리가 있어야 하며, 부부 사이에는 분별이 있어야 하며, 어른과 어린아이 사이에는 차례가 있어야 하며, 친 구 사이에는 믿음이 있어야 한다는 것이었다.

人之有道也, 飽食煖衣, 逸居而無教, 則近於禽獸. 聖人有憂之, 使契爲司
인 지 유 도 야   포 식 난 의   일 거 이 무 교   즉 근 어 금 수   성 인 유 우 지   사 설 위 사
徒, 教以人倫. 父子有親, 君臣有義, 夫婦有別, 長幼有序, 朋友有信.
도   교 이 인 륜   부 자 유 친   군 신 유 의   부 부 유 별   장 유 유 서   붕 우 유 신

〈등문공 상〉 4

인간의 가치와 품위는, 먹고사는 것이 해결된 바탕 위에서 인간관 계가 사랑으로 이루어지는 것에 있다고 맹자는 말하고 있습니다.

02

부국강병은
백성의 피

맹자의 눈으로 볼 때 양주, 묵자, 허행이 반문명을 이상으로 여기고 있다면 법가나 종횡가는 야만을 추구하고 있습니다. 전국시대 각 군주의 최대 관심사는 부국강병이었고, 또 현실적으로 부국강병만이 생존의 길이라고 인식되기도 했습니다. 직접적으로 부국강병을 목표로 하는 사상이 바로 법가입니다. 그리고 종횡가는 힘의 균형을 추구하고 있지만, 힘의 균형을 추구한다는 자체가 힘의 정치를 추구하는 셈입니다.

지금 임금을 섬기는 자들이 "내가 임금을 위해 토지를 개간하고, 창고를 가득 채울 수 있습니다."라고 하면 지금은 이른바 훌륭한 신하라고 불리지만, 옛날에는 그런 신하를 백성의 적이라고 했다. 임금이 도로 향하지 않아 인仁에 뜻을 두고 있지 않은데 그를 부유하게 하려고 하니, 그것은 걸桀을 부유하게 해 주는 것이다.

지금 군주를 섬기는 자들이, "내가 임금을 위해 동맹국과 맹약을 맺어 전쟁을 하면 반드시 승리한다."라고 하면 지금은 이른바 훌륭한 신하라고 하지만, 옛날에는 그런 신하를 백성의 적이라고 했다. 임금이 도로 향하지 않아 인에 뜻을 두고 있지 않은데 그를 위한다고 억지로 전쟁을 하려고 하니, 그것은 걸을 도와주는 것이다.

〈고자 하〉 9

전국시대에 나라의 부를 늘리는 방법은 영토를 넓히고 백성의 숫자를 많게 하는 것이었습니다. 영토를 넓히는 방법은 황무지를 개간하거나, 전쟁을 통해 적국의 영토를 차지하는 것이었습니다. 황무지를 개간하는 작업은 백성들이 했으나 그로 인한 부는 군주의 것이 되었습니다. 백성은 전쟁에 내몰려 죽어갔으나 넓어진 영토는 군주의 것이 되었습니다. 곧 부를 창출한다는 것은 백성을 죽음으로 내모는 것과 다름없었습니다. 백성을 죽음으로 내모는 것은 반문명도 아니고, 사람이 사람을 죽게 하는 야만입니다. 그래서 부를 창출한다고 토지 개간을 임금에게 부추기는 신하는 백성의 적이고, 전쟁을 해서 이길 수 있다고 임금을 꼬드기는 신하 또한 백성의 적인 것입니다.

법가와 종횡가의 목표는 군주의 이익 혹은 자기 자신의 이익에 있었지, 백성의 인간다운 삶을 보장하는 데 있지 않았습니다. 앞에 인용한 것을 다시 한 번 인용해 보겠습니다.

경춘 : 공손연과 장의가 어찌 진정한 대장부가 아니겠습니까. 그들이 한 번 노하면 제후들이 두려워하고, 그들이 조용히 있으면 천하가 조용해집니다.

맹자 : 그 어찌 대장부가 되겠는가. 자네는 예禮도 공부하지 않았는가? 장부가 관례를 할 때는 아버지가 말씀을 내리시고, 여자가 시집갈 때는 어머니가 말씀을 내리신다. 시집으로 갈 때 문에서 배웅하면서 "시집에 가서 반드시 공경하고 반드시 경계하여 남편의 뜻을 거스르지 마라."라는 경계의 말을 하니, 아녀자는 순종을 바른 길로 삼는 것이다.

천하의 넓은 집에 거처하며 천하의 바른 자리에 서며 천하의 큰길을 따라감에, 뜻을 얻으면 백성과 더불어 도를 행하고 얻지 못하면 홀로 그 도를 실행한다. 부귀도 마음을 방탕하게 할 수 없으며, 빈천도 마음을 빼앗지 못하며, 위협과 압력으로도 굴복시키지 못하는 그런 것을 일러 대장부라고 한다.

〈등문공 하〉 2

종횡가인 공손연이나 장의는 세 치 혀로 세상을 움직이기는 하지만, 그것은 임금의 부를 증진시키거나 자신의 부와 명예를 드높이는 것에 지나지 않습니다. 결국 임금을 위하거나, 혹은 임금을 이용하여 자신의 이익을 채우려는 것입니다. 그런 사람은 임금이 어떤 임금이든지 간에 그에게 봉사하거나 혹은 이용하려 할 것입니다. 그 임금이 폭군일지라도 종횡가는 도울 것입니다. 자신에게 이익이 된다면 대상과 방법을 가리지 않는 것이지요. 그래서 이 책의 첫머리에서 말한 것처럼, 다시 '의義'라는 주제로 돌아옵니다. 행위의 궁극적 판단 기준은 이로움이 아니라 옳음이 되어야 합니다. 비록 좋은 의미로 이로움을 추구했다고 하더라도 그것은 옳은 일이 아닙니다. 맹자는 결과와 관계없이 의를 추구하고자 했습니다.

송경이 초나라로 가는 길에 맹자와 석구에서 만났다.

맹자 : 선생은 어디로 가려 하시오?

송경 : 진나라와 초나라가 전쟁을 하려고 한다고 들었습니다. 내가 초나라 왕을 만나 뵙고 싸움을 그만두게 설득할 것이오. 만약 초나라 왕이 기뻐하지 않으면 진나라 왕을 만나 뵙고 싸움을 그만두게 설득할 것이니, 두 왕 가운데 나와 뜻이 맞는 이가 있을 것입니다.

맹자 : 세세한 것을 묻는 것이 아니라 그 취지를 듣기 원하오. 어떻게 설득할 것이오?

송경 : 나는 싸움이 이익이 되지 않는다는 것을 말할 생각입니다.

맹자 : 선생의 뜻은 큽니다만 명분은 옳지 않습니다. 선생이 이로움으로써 진나라와 초나라의 왕을 설득하여 왕이 이로움을 기뻐하면 삼군의 군대를 파할 것입니다. 이것은 삼군의 군사들이 군대 해산을 즐거워하되 한편으로는 이로움을 기뻐하는 것입니다. 신하 된 사람이 이로움을 마음에 두고 그 임금을 섬기며, 자식 된 자가 이로움을 마음에 두고 부모를 섬기며, 아우 된 자가 이로움을 마음에 두고 그 형을 섬기면, 이것은

군신, 부자, 형제가 끝내 인의仁義를 버리고 이로움을 품고 서로 대하는 것이니 그렇게 하고서도 망하지 않는 자는 없었습니다.

선생이 인의로써 진나라와 초나라의 왕을 설득하면 왕이 인의를 기뻐하여 삼군의 군대를 파할 것입니다. 이것은 삼군의 군사들이 군대 해산을 즐거워하되 한편으로는 인의를 기뻐하는 것입니다. 신하 된 사람이 인의를 마음에 두고 그 임금을 섬기며, 자식 된 자가 인의를 마음에 두고 부모를 섬기며, 아우 된 자가 인의를 마음에 두고 그 형을 섬기면, 이것은 군신, 부자, 형제가 이로움을 버리고 인의를 품고 서로 대하는 것이니, 그렇게 하고서도 왕다운 왕이 되지 않은 자는 있지 않았습니다. 하필이면 이로움을 말하십니까.

先生以仁義說秦楚之王, 秦楚之王悅於仁義, 而罷三軍之師, 是三軍之士
선생이인의설진초지왕 진초지왕열어인의 이파삼군지사 시삼군지사
樂罷而悅於仁義也. 爲人臣者懷仁義以事其君, 爲人子者懷仁義以事其
락파이열어인의야 위인신자회인의이사기군 위인자자회인의이사기
父, 爲人弟者懷仁義以事其兄, 是君臣父子兄弟去利, 懷仁義以相接也. 然
부 위인제자회인의이사기형 시군신부자형제거리 회인의이상접야 연
而不王者, 未之有也. 何必曰利.
이불왕자 미지유야 하필왈리

〈고자 하〉 4

묵가는 비공非攻과 묵수墨守를 주장했습니다. 비공은 침략을 위해 남을 공격하지 않는 것이고, 묵수는 침략을 막아 내는 것을 말합니다. 묵가는 전쟁을 반대했습니다. 그러나 전쟁을 반대하는 명분이 '이롭지 않다.'라는 데 있었습니다. 그렇다면 이로움을 위해서는 전쟁을 할 수도 있다는 이야기가 됩니다. 사람이 사람을 이로움으로 대한다면 그

이로움 때문에 사람을 괴롭히거나 죽일 수 있는 것입니다. 자신의 이로움으로 남을 해코지하는 것은 야만입니다. 맹자는 그 야만을 부정하는 것입니다.

03
차별 없는 사랑은
가능한가

사랑에는 순서와 농도가 있다

공자로 대표되는 유학은 궁극적으로는 나의 아버지만을 아버지로 여기지 않고 나의 자식만을 자식으로 여기지 않으며, 모든 사람이 존중받는 대동사회를 지향하고 있습니다. 하지만 유학은 근본적으로 지도자의 학문이라고 할 수 있습니다. 먹을 것이 없으면 마음이 흔들리는 것이 백성이고, 먹을 것이 없어도 마음이 흔들리지 않는 사람이 선비입니다. 모든 사람이 선비가 될 수는 없습니다. 대신 선비는 백성을 이끌고 모범이 되어야 합니다. 공자는 지도자의 역할을 강조했습니다. 반면 묵자는 보통 사람들에게 눈을 돌렸으며, 상하의 체계가 없는 소박한 인간관계를 꿈꾸었습니다.

춘추시대를 살았던 묵자는 당시의 사상가들과 마찬가지로 혼란한 질서를 어떻게 바로잡을 것인가를 고민했습니다. 묵자는 세계가 혼란에 빠진 것은 자신과 가까운 사람일수록 더 사랑하는 차별적인 사랑 때문이라고 보았습니다. 유학에서는 가까운 사람부터 사랑하는 것이 인간의 자연스러운 본성이라고 여깁니다. 예를 들어, 자신의 부모를 사랑하는 것이 먼저지 이웃을 사랑하는 것이 먼저일 수 없다는 것이죠. 하지만 묵자는 가까운 사람을 더 사랑하는 것은 편애이고, 그 편애를 보편적이고 무차별적 사랑으로 바꾸어야 세상의 혼란이 없어진다고 본 것입니다. 보편적이고 무차별적 사랑인 겸애의 필요성에 대해 묵자는 다음과 같이 말하고 있습니다.

만약 천하가 모두 서로 사랑한다면, 자신의 몸처럼 다른 사람을 사랑할 것이니 어찌 불효자가 있겠는가? 부모와 형과 임금 보기를 자신의 몸처럼 한다면 어찌 불효하며 어찌 자애하지 않는 자가 있겠는가? 아우와 신하 보기를 자신의 몸처럼 한다면 어찌 자애롭지 않겠는가? 불효자와 자애롭지 않은 자가 없다면 어찌 도적이 있겠는가? 다른 사람의 집을 자기의 집처럼 여기면 누가 도적질을 하겠는가? 다른 사람의 몸을 자신의 몸처럼 여기면 누가 도적이 되겠는가? 도적이 없는데 대부가 집안을 어지럽히고, 제후가 서로 공격하여 나라를 망하게 하겠는가? 만약 천하가 서로 사랑한다면 나라와 나라가 서로 공격하지 않을 것이고, 집안과 집안이 서로 어지럽히지 않을 것이다. 도적이 없으면 군신과 부자가 모두 효도하고 자애할 것이니 천하가 다스려질 것이다. 따라서 천하가 서로 사랑한다면 다스려질 것이고, 서로 미워하면 어지러워질 것이다.

묵자는 사람 사이의 갈등과 다툼은 너와 나, 우리와 남을 구별하여 사랑에 차등을 두는 것에 있다고 여겼습니다. 자신에게 가깝고 먼 차이를 둠으로써 궁극적으로는 사회적 불평등을 조성한다는 것입니다. 사람들이 편하고 즐겁게 살지 못하고, 사회가 문란한 것은 모두 이 차별과 차등으로부터 옵니다. 이런 불안한 현상을 해결하기 위해서 사람들 모두가 서로 똑같이 사랑할 것을 요구하는 것입니다.

천하의 백성은 천자와 같다

그런데 겸애는 일종의 종교성을 띨 수밖에 없다는 것을 묵자도 인정하고 있습니다. 유학은 비합리적이고 증명할 수 없는 신비로운 현상을 논의하는 것에 회의적입니다. 유학은 현세적이고 합리적이며 이지적 성격이 짙습니다. 반면 묵자는 합리화된 이론보다 종교적 가르침을 중시합니다. 한편으로는 숙명이나 운명을 부정하면서도, 한편으로는 선조와 하늘에 대한 믿음을 강조하는 것이지요.

이 세계에는 하늘이 있고, 하늘이 있다면 하늘의 뜻(天志)이 있을 것입니다. 그렇기 때문에 사람은 하늘의 뜻을 따라야 한다는 것입니다. 그런데 하늘의 뜻은 세상 모든 사람들을 널리 사랑하는 것입니다. 또 하늘은 정의를 좋아하고 불의를 싫어하기 때문에 불의에 대해 어떤 형식이 되었든 하늘이 벌을 내릴 것이라고 묵자는 주장합니다.

묵자는 "천하의 백성은 천자와 똑같다."라고 말합니다. 당시 사람들은 묵자의 뜻을 제대로 이해하지 못했습니다. 겸애를 인간의 자연스러운 감정과 신분 질서를 파괴하는 것으로 보았기 때문입니다. 이에 대해 맹자는 다음과 같이 비판합니다.

오직 자신만을 위하라는위아爲我 양주의 주장은 임금을 인정치 않는 것이고, 모두를 똑같이 사랑하라는(겸애兼愛) 묵적의 주장은 부모를 인정치 않는 것이다. 부모와 임금이 없다고 여기는 것은 금수일 뿐이다.

맹자는 겸애가 현실의 자연스러운 감정을 저버리는 것이라고 보았으며, 겸애의 실현 가능성에 대해 회의를 품었습니다. 맹자가 묵자를 비판한 내용은 유학의 기본 입장이 됩니다.

하늘이 만물을 낳으니 각각이 하나의 근본으로부터 나오는 것이다. 이제 다른 사람의 부모를 자신의 부모와 똑같이 여기라고 하는 것은 근본을 두 개로 여기고 똑같이 사랑하라는 것이다.

인仁은 낳고 살리는 이치다. 천지에 꽉 차고 한쪽으로 치우치지 않으며, 있지 않은 곳이 없다. 그러나 사랑이 흘러나오는 것은 또한 차근차근 이루어지는 것이다. 점진적 과정이 있다는 것은 반드시 그 발단처가 있어야 가능하다. 발단처가 있어야 낳고 살리는 사랑이 끊이지 않을 수 있는 것이다. 나무에 비유하면 씨와 싹이 발단처가 된다. 그런 연후에 가지와 잎사귀가 있는 것이다. 부자와 형제의 사랑은 인심의 발단처다. 묵씨가 부자 형제와 일반인을 똑같이 여기라는 것은 사랑의 발단처를 없앤 것이니, 어찌 능히 낳고 살릴 수 있고 어찌 사랑이라 할 수 있겠는가.

순서대로 주희와 왕수인의 말입니다. 유학이 자신의 부모를 먼저, 그리고 타인보다 깊게 사랑하는 것을 자연스러운 감정이라고 보았다면, 묵자의 겸애는 일종의 종교적 지침이라고 할 수 있습니다. 우리의 마음이 가깝고 먼 것을 구별하는 것이 자연스러운 이치라 하더라도, 그 구별이 사회 혼란을 가져온다면 떨쳐 버려야 한다는 것이 묵자의 겸애입니다.

04
권력의 근거,
하늘

장소 · 질서 · 주재 – 하늘

하늘을 뜻하는 한자 '천天'은 사람의 정수리를 본뜬 것입니다. 그래서 사람 머리를 뚫는 극형을 천天이라 했다고 합니다. 하늘의 의미는 무척 많지만 크게 세 가지로 요약할 수 있습니다.

첫째는 눈에 보이는 하늘로, 위치나 장소를 나타내는 형체로서의 하늘입니다. 위치나 장소라는 의미가 확대되면 물리적으로는 우주가 되고, 종교적으로는 천당이나 극락이라는 뜻이 되기도 할 것입니다. 둘째는 자연 자체 혹은 자연의 질서를 의미하고, 확대되면 천지자연의 이치로서의 이성 혹은 법칙으로 이해되기도 합니다. 셋째는 앞의 두 의미를 포괄하면서 세계를 지배하고 주재하는 하늘입니다. 종교적으로 하느님, 한울님, 상제 등으로 표현되기도 합니다. 천지 만물을 주재하는 하늘은 천지를 창조하고 관리한다는 관념도 있고, 인간에게 구체적으로 상벌을 준다는 뜻도 있습니다. 때로는 '민심은 천심'이라는 구호를 통해 정권의 정당성을 부여하기도 합니다.

형체나 장소로서의 하늘은 철학적 의미를 갖기보다는 물리적, 종교적 측면에서 중요시됩니다. 천당이나 극락, 신선 세계는 이 지상과는 다른 곳에 있다는 관념이 지배적입니다. 물론 학자에 따라 우리가 사는 이곳이 바로 극락이고 천당이라고 주장하기도 합니다. 한편 물리적 하늘은 이제 한계가 없어 보입니다. 태양계만이 이 세계가 아니라 빅뱅 이후의 모든 공간이 다 하늘이기 때문입니다.

백성에 대한 사랑

하늘을 인격적으로 이해한다는 것은, 하늘을 어떤 의지를 품은 최고의 주재자로 이해하는 것입니다. 하늘을 의지적 존재로 바라보는 것이 하늘에 대한 최초의 관념이라고 해도 좋을 것입니다.

상제(하느님)가 너에게 임하니 그 마음이 둘이 아니다.
하늘에 죄를 지으면 빌 곳도 없다.

《시경》과 공자의 이 말은 하늘을 인격적으로 이해한 예들입니다. 하늘을 인격적으로 이해할 때, 하늘의 특성은 사랑으로 표현됩니다.

하늘이 아래로 백성을 보우하사, 임금을 만들고 스승을 만드셨다.

백성이 하고자 하는 바를 하늘은 반드시 이루게 해준다.

《좌전》의 이 말은 하늘이 백성을 사랑하고 있다는 것을 나타냅니다. 백성을 사랑한다는 것이 구체적으로 착한 사람을 보호하고 악한 사람을 벌하는 정의正義로 표현되기도 합니다. 하늘의 정의는 한 사람 한 사람의 구체적인 화복을 관장함으로써 드러내는 것이 아니라 임금을 통해 그 뜻을 드러냅니다. 백성의 뜻을 거스르고 나쁜 짓을 하는 임금은 하늘의 벌을 받아 권좌에서 물러나게 합니다. 이것이 천명과 혁명사상입니다. 하늘의 의지가 정치적으로 확장된 것이지요. 이 사상들은 맹자의 왕도정치와 혁명론의 이론적 근거가 되고 있습니다. 반면 임금은 하늘을 대신하기에 백성들의 잘잘못을 징계할 권한도 주어집니다. 하늘은 인간뿐 아니라 자연의 운행도 주재합니다. 비를 내리고, 세월을 관장하고, 도움을 주고, 가뭄과 재해를 내립니다. 이 가운데 재해를 내리는 것은 정의의 표현이라고 할 수 있습니다. 자연 재해는 임금을 징계하는 표시일 뿐이기도 하고, 백성들을 경고하는 기능이기도 합니다.

하늘을 물리적으로만 보는 사람은 많지 않을 것입니다. 우리는 하늘을 '우러러'봅니다. 우러러보는 것은 물리적으로 높아서만은 아닙니다. 땅이 육체적 삶의 근원이라면 하늘은 정신적 표준이기 때문입니다. 우리의 욕구가 땅에 의해 채워진다면 영혼의 양분은 하늘에서 옵니다. 그래서 우리 삶의 최종적 판단은 하늘에 있다고 할 수 있습니다. "하늘에 죄를 지으면 빌 곳도 없다."라는 공자의 말은, 하늘이 꼭 사람에게 벌을 준다는 의미라기보다 모든 행위의 최종 판단 근거는 하늘이 부여한 자신의 양심이라는 뜻일 것입니다.

6부

사람은
무엇으로 사는가

01
먹기 위해 형의 팔을
비틀 수 없으니

의義와 자존심, 선비의 길, 왕도정치 등 맹자가 주장하는 바를 살펴보았습니다. 그런데 이런 것들은 21세기를 사는 우리들에게 조금 거리가 먼 듯합니다. 전국시대와 지금은 다르기 때문입니다. 그러나 우리는 역사의 특수한 상황을 받아들이는 것이 아니라, 상황을 일반화하여 받아들여야 합니다. 민주주의 시대에 왕의 도덕성에 의한 정치가 이상적이라고 받아들일 사람은 없습니다. 그러나 왕을 정치인으로 이해한다면, 정치인은 이익을 추구하기보다 도덕성을 갖추어야 한다는 뜻으로 이해할 수 있는 것입니다.

또한 선비를 특수한 계층이 아니라 지식인으로 받아들인다면, 지식을 자신의 부와 명예를 위한 수단으로 여기는 것이 아니라 사회정의를 위해 행동하는 양심의 불꽃으로 여길 수 있습니다.

그럼에도 지식인, 정치인은 특수한 위치에 있는 사람들입니다. 특수한 위치 이전에 사람으로서 살아갈 지침은 없을까요? 물론 있습니다. 맹자는 모든 사람은 선한 본성을 타고나며, 자신의 본성을 발휘할 때 사람다운 사람이 된다고 보기 때문입니다. 사람다운 사람이 되는 기준은 바로 인의仁義입니다. 인의는 야만과 반문명이 아닌, 인간을 가치 있는 존재로 만드는, 인간 세상을 문명의 세계로 만드는 뿌리입니다.

우리는 먹어야 삽니다. 먹어야 하는 것은 인간이나 동물이나 마찬가지입니다. 따라서 먹는 것에 인간다움이 있는 것이 아닙니다. 먹는 것은 삶의 조건이지 목표가 아니며, 문명이 아닙니다.

임나라 사람 : 예禮와 식食 가운데 무엇이 중한 것입니까?

옥려자 : 예가 중하다.

임나라 사람 : 예와 색色 가운데 무엇이 중한 것입니까?

옥려자 : 예가 중하다.

임나라 사람 : 예를 지키면서 먹을 것을 구하면 굶어 죽고 예를 지키지 않고 먹을 것을 구하면 먹을 수 있다고 하더라도, 반드시 예를 지켜야 하나요? 절차를 밟으면 아내를 얻지 못하고 절차를 밟지 않으면 아내를 얻을 수 있더라도, 반드시 절차를 밟아야 하는 것입니까?

옥려자가 대답을 하지 못하고 다음 날 추나라로 가서 맹자에게 이 사실을 아뢰었다.

맹자 : 그것에 답하는 게 무슨 어려움이 있느냐. 뿌리를 살피지 않고 끝

을 정리하면 한 치밖에 되지 않는 나무를 높은 누대보다 높게 할 수 있다. 쇠가 깃털보다 무겁다는 것이 갈고리 하나만큼의 쇠와 깃털 한 수레를 말한 것이겠는가. 먹는 것의 중한 것과 예의 가벼운 것을 비교하면 어찌 먹는 것이 중하지 않으며, 색의 중한 것과 예의 가벼운 것을 비교하면 어찌 색이 중하지 않겠는가.

가서 이렇게 대답해 주거라. "형의 팔을 비틀어 빼앗으면 먹을 수 있고, 형의 팔을 비틀지 않으면 먹을 수 없더라도 비틀어야 하는가? 담장을 뛰어넘어 여자를 끌어오면 아내를 얻고, 끌어오지 않으면 아내를 얻지 못하는데도 끌어오겠는가?"

〈고자 하〉 1

위의 맹자의 말 중에 뿌리는 본本으로서 아래를 뜻하고, 끝은 말末로 위를 뜻합니다. 한 치밖에 되지 않는 나무는 식색食色, 높은 누대는 예禮를 뜻합니다. 아래인 근본을 놓아두고 한 치밖에 되지 않는 나무를 누대 위에 올리면, 누대가 오히려 낮고 나무가 도리어 높을 것입니다. 마찬가지로 쇠가 깃털보다 무거우나, 작은 양의 쇠와 많은 양의 깃털이라면 오히려 깃털이 무겁습니다.

맹자의 이 비유는 예가 식색보다 무거운 것이지만, 경우에 따라서는 식색이 더 무거울 수 있다는 것을 말합니다. 예를 지키면서 먹는 것과 의식을 갖추어서 아내를 맞이하는 것은 가벼운 것이고, 죽어서 인륜을 끊는 것은 무거운 것입니다. 그런데도 혈육을 해치면서 먹을 수 없고, 아무렇게 아내를 맞이할 수는 없는 것입니다. 여기에 문명, 자연, 야만의 경계선이 있는 것입니다.

부모는 필연이고, 천하는 선택이다

자연, 야만, 문명을 먹는 것에 비유하면 다음과 같습니다.

먹지 않을 수 없다. ─ 자연
남의 것을 빼앗아 먹는다. ─ 야만
정당하게 먹어야 한다. ─ 문명

먹는다는 것은 같습니다. 그러나 어떻게 먹느냐에 따라 짐승이냐, 인간이냐가 갈라집니다. 그 기준은 바로 인의이고, 인의의 시작은 효입니다.

효는 인의 뿌리입니다. 인은 사랑이고, 최초의 사랑이 바로 부모와 자식이기 때문입니다. 자식으로서 부모를 사랑하지 않는 사람은 없습니다. 사랑하지 않으려 해도 그럴 수 없기 때문에 본성인 것입니다. 거부할 수 없는 최초의 사랑이 바로 효입니다. 효는 최초의 사랑이면서 모든 사랑의 뿌리입니다. 자신의 부모를 사랑하지 않고 이웃을 사랑할 수는 없습니다. 자신의 부모를 사랑하면 형제도 사랑합니다. 형제를 사랑하는 것은 곧 부모를 사랑하는 것입니다.

섬기는 것 중에 가장 큰 것은 무엇인가. 어버이를 섬기는 것이 가장 크도다. 지켜야 할 것 중 가장 큰 것이 무엇이리오. 자신의 몸을 잘 지키는 것이 가장 크도다. 자신의 몸을 잃지 않고 어버이를 잘 섬겼다는 것을 나는 들었고, 자신의 몸을 잃고 어버이를 잘 섬겼다는 것을 나는 듣지 못했다. 모든 것을 섬겨야 하겠지만 어버이를 섬기는 것이 섬기는 것의 근본이고, 모든 것을 지켜야겠지만 몸을 지키는 것이 지키는 것의 근본이다.

증자가 증석을 봉양하실 때 반드시 술과 고기를 올렸다. 상을 물릴 때는 "누구에게 줄까요?"라고 반드시 물었고, 증석이 "남은 것이 있느냐?"라고 물으면 반드시 "있습니다."라고 대답했다. 증석이 죽고 증원이 증자를 봉양할 때 역시 반드시 술과 고기를 올렸다. 상을 물릴 때 누구에게 줄 것인지를 묻지 않았고, 남은 것이 있느냐고 물으면 없다고 대답했다. 남은 음식을 다시 올리려고 한 까닭이니 이것을 '입과 몸만을 봉양한다.'라고 하는 것이고, 증자와 같은 경우를 '뜻을 봉양한다.'라고 하는 것이다.

어버이 섬기는 것을 증자처럼 하는 것이 옳다.

事孰爲大, 事親爲大. 守孰爲大, 守身爲大. 不失其身而能事其親者, 吾聞
사숙위대 사친위대   수숙위대   수신위대   불실기신이능사기친자 오문
之矣. 失其身而能事其親者, 吾未之聞也. 孰不爲事, 事親, 事之本也. 孰
지의 실기신이능사기친자   오미지문야 숙불위사 사친   사지본야 숙
不爲守, 守身, 守之本也.
불위수 수신   수지본야

〈이루 상〉 19

어버이를 섬기는 것을 효라고 합니다. 부모에게 맛있는 음식을 꼬

박꼬박 올리는 것도 효입니다. 그러나 개나 말에게도 때맞춰 음식을 줍니다. 그럼 개나 말에게 효도하는 것일까요? 그렇지 않습니다.

옛날에는 맛있는 음식은 어른부터 드렸습니다. 여기서는 술과 고기가 나옵니다. 그런데 중석이 아들 중자에게 남은 음식이 있느냐고 물은 것은 맛있는 음식을 다른 사람에게 주려고 해서입니다. 중자는 언제나 남았다고 답합니다. 남은 음식이 없다고 하면 아버지인 중석이 남에게 주고자 한 뜻을 이루지 못하기 때문입니다. 중자의 아들 중원도 역시 아버지인 중자에게 술과 고기를 올립니다. 그런데 중자가 남은 것이 있냐고 물으면 중원은 없다고 답했습니다. 남은 음식을 다시 올리기 위해서였습니다.

어버이에게 맛있고 귀한 음식을 올린 것은 중자나 중석이나 차이가 없습니다. 그러나 중자는 어버이의 뜻을 알아 어버이가 뜻대로 할 수 있도록 했으며, 중원은 어버이에게 음식만 올리면 효라고 여긴 것입니다. 음식을 주어 길러 주는 것은 짐승에게도 하는 것입니다. 따라서 효는 몸을 봉양하는 데 있는 것이 아니라, 어버이의 뜻을 길러 주는 데에 있습니다.

그래도 중원은 부모에게 맛있는 음식을 올리려고 했으니 인륜을 저버린 패륜은 아닐 것입니다. 부모의 몸을 봉양하는 것조차 하지 않는 불효도 있습니다.

세속에서 말하는 불효가 다섯 가지 있다. 사지를 게을리 하여 부모 봉양을 하지 않는 것이 첫째 불효다. 장기와 바둑을 두며 술 마시기를 좋아하여 부모를 돌보지 않는 것이 둘째 불효다. 재물을 좋아하고 처자만을 보살피면서 부모를 돌보지 않는 것이 셋째 불효다. 눈과 귀가 좋아하는 것을 쫓다가 부모를 욕먹게 하는 것이 넷째 불효다. 용맹을 좋아하고 사납게 싸워서 부모를 위태롭게 하는 것이 다섯째 불효다.

世俗所謂不孝者五. 惰其四支, 不顧父母之養, 一不孝也. 博奕好飮酒, 不
세속소위불효자오 타기사지 불고부모지양 일불효야 박혁호음주 불
顧父母之養, 二不孝也. 好貨財, 私妻子, 不顧父母之養, 三不孝也. 從耳目
고부모지양 이불효야 호화재 사처자 불고부모지양 삼불효야 종이목
之欲, 以爲父母戮, 四不孝也. 好勇鬪狠, 以危父母, 五不孝也.
지욕 이위부모륙 사불효야 호용투한 이위부모 오불효야

〈이루 하〉 30

이쯤 되면 자식으로서의 도리를 포기한 것이나 다름없다고 하겠습니다. 부모의 몸을 보살펴 드리기는커녕 오히려 부모를 욕되게 하고, 나아가 부모에게 마음을 졸이게까지 하고 있으니 말입니다. 부모의 뜻을 길러 주는 양지는 고사하고, 부모의 몸을 돌보는 양구체養□體도 하지 않을뿐더러, 나아가 부모를 아프게 하고 있습니다.

어려서는 누구나 부모를 사랑하는 마음이 지극합니다. 어머니와 아버지가 눈에 보이지 않으면 불안해하고, 어머니와 아버지를 통해 세상을 보며, 어머니와 아버지가 세상의 전부입니다. 그런데 커가면서 부모와는 다른 삶을 살려고 하면서 부모를 그리는 애틋한 마음이 점점 엷어지기 마련입니다. 부모를 그리는 마음을 끝까지 잃지 않는다면 진정한 효라고 할 수 있습니다.

사람이 어려서는 부모를 사모하다가, 여색이 좋은 것을 알면서는 젊고 예쁜 소녀를 사모하고, 처자가 생기면 처자를 사모하고, 벼슬하면 임금을 사모하고, 임금의 마음을 얻지 못하면 마음에 열병을 앓는다. 큰 효는 종신토록 부모를 사모하는 것이니 50세가 되어서도 부모를 사모하는 경우를 나는 순에게서 보았노라.

〈만장 상〉 1

순임금의 부모인 고수는 순의 배다른 동생인 상을 매우 편애했습니다. 그래서 순을 죽이기 위해 곳집에 불을 지르거나, 우물을 파고 있는데 우물을 메우기까지 하였습니다. 그런데도 순은 언제나 부모의 마음에 들지 않을까 전전긍긍했습니다. 요임금이 자신의 딸과 함께 천하를 물려줄 때도, 사람들은 아름다운 여인과 부와 권력을 모두 얻었다고 부러워했으나 순임금은 끝까지 부모에게 순종하지 못할까를 걱정했다고 합니다.

사람의 감정은 나이가 들면서, 혹은 상황에 따라서 옮겨 다니기 마련이지만, 순은 그 사랑을 언제나 부모에게 두었습니다. 이 정도 되면 대효大孝라고 할 만합니다.

도응 : 순은 천자가 되시고, 고요가 사법관이 되었는데, 고수가 사람을 죽였다면 어떻게 될까요?

맹자 : 고요는 법을 집행할 것이다.

도응 : 그렇다면 순임금이 막지 않았을까요?

맹자 : 순임금이 어떻게 법 집행을 금지케 하겠는가. 고요는 법을 집행할 책임이 있다.

도응 : 그렇다면 순임금은 어떻게 하실까요?

맹자 : 순임금은 천하 버리기를 마치 헌신짝 버리는 것과 같이 하여, 아버지를 몰래 업고 도망하여 바닷가를 따라서 살며 종신토록 즐거워하며 천하를 잊으실 것이다.

〈진심 상〉 35

천하는 내게 부귀와 명예와 책임을 줄 뿐이지만, 아버지는 나의 뿌리입니다. 아버지와 아들의 관계가 하늘이 맺어준 것이어서 선택할 수 없는 것이라면, 천하는 여러 선택지 가운데 하나일 뿐입니다. 아버지는 필연이고 천하는 선택입니다. 부모 없이 어찌 내가 있을 수 있을까요. 그것을 아는 것이 효의 출발이자 종착점입니다. 순과 같은 큰 효는 못하더라도 부모의 뜻을 헤아릴 수는 있어야 인간답지 않을까요?

02
옛사람을
벗으로 하여

맹자는 "벗을 사귀되 믿음으로 하라.(붕우유신朋友有信)"라고 말하여, 친구를 인간이 맺는 기본적인 관계 가운데 하나로 보았습니다. 부모형제 다음으로 우리가 많이 만나는 사람이 친구입니다. 그런데 친구를 너무 좁게 사귀고 있는 것은 아닌지 맹자의 말을 통해 반성해 볼 필요가 있습니다.

한 마을의 선사善士라야 한 마을의 선사와 벗할 수 있고, 한 나라의 선사라야 한 나라의 선사와 벗할 수 있으며, 천하의 선사라야 천하의 선사와 벗할 수 있다.

천하의 선사와 벗하는 것도 부족하여 또 옛사람을 논한다. 옛사람의 시를 외우고 책을 읽으면서도 옛사람의 사람됨을 알지 못한다면 옳겠는가. 이 때문에 그 당시의 일을 논하는 것이니, 이것이 바로 옛사람을 벗하는 것이다.

〈만장 하〉 8

　내가 지금 친구로 삼는 범위는 어느 정도 될까요. 앞의 원문에서 말하는 마을과 나라와 천하는 공간이라기보다는 규모를 말합니다. 내가 우리 마을 정도를 마음에 두고 있다면 그런 정도의 친구와 어울릴 것이고, 온 세상을 마음에 담고 있다면 그런 친구와 만날 것입니다. 천하를 마음에 품은 사람과 벗하는 것도 위대하지만, 천하는 한 세대일 뿐입니다.

　세대를 넘어 공간을 넘어 변하지 않는 것을 마음에 두고 있다면 벗의 범위는 아주 넓어집니다. 바로 옛사람들의 정신이 담긴 시와 책을 만나는 것입니다. 그 책 속에서 옛사람들의 생각과 고민과 지혜를 접하여, 나 또한 그들의 생각을 생각하고 그들의 고민을 고민하며 그들의 지혜를 지혜로 삼는다면 그들과 벗하는 것이 됩니다. 그리하면 나의 생각과 고민과 지혜 또한 세대를 넘고 공간을 넘은 미래의 누군가에게 전해져 더불어 벗이 될 수 있을 것입니다.

　규모를 크게 하는 것이 돈의 많고 적음, 지위의 높고 낮음과 관계가 없는 것은 당연합니다.

　만장 : 감히 벗에 대해 묻겠습니다.

　맹자 : 나이를 믿고 으스대지 않으며, 귀함을 믿고 으스대지 않으며, 형

제간을 믿고 으스대지 않으며 벗을 사귀어야 한다. 벗이라는 것은 그 덕을 벗하는 것이니, 무엇을 믿고 으스대서는 안 된다.

不挾長, 不挾貴, 不挾兄弟而友. 友也者, 友其德也, 不可以有挾也.
불협장 불협귀 불협형제이우 우야자 우기덕야 불가이유협야

〈만장 하〉 3

친구는 기본적으로 상하 관계가 아닌 수평적 인간관계입니다. 돈이 많고 적거나 지위가 높고 낮을 수는 있지만, 친구라는 관계로 만난다면 그 모든 것을 버리고 만나야 합니다. 더구나 힘의 세기로 친구간의 관계를 정하는 것은 인간이 아니라 짐승의 세계에서나 있는 일입니다. 나이가 한 살 많다고 형 노릇을 하려고 하거나, 부자라고 하여남을 부리려고 하거나, 믿는 사람이 있다고 해서 친구를 업신여기려해서는 안 됩니다. 만약 자기가 힘이 세다고 해서 친구를 괴롭힌다면, 자기보다 힘이 센 친구에게 자신이 괴롭힘을 당하는 것을 당연하게받아들여야 하기 때문입니다.

친구는 그 자체의 덕으로 사귀는 것입니다. 덕은 내면에 있는 사랑으로서의 인仁과 옳은 행위를 하려는 의義를 말합니다. 의로 맺어질 때만이 진정한 친구가 될 수 있습니다.

03
인은 사람의 마음이고
의는 사람의 길이다

잃어버린 마음을 찾아라

인간은 선한 본성을 갖고 태어납니다. 선한 본성의 내용은 측은·
수오·사양·시비이며 그것이 행동으로 드러나면 인의예지가 됩니·
다. 먹어야 하는 생물적 특성 말고도 선한 본성이 있다는 것이 바로 인
간다움의 근거가 됩니다. 따라서 인의가 바로 인간의 가치와 인간다
움과 문명의 뿌리입니다. 그런데 사람들은 인간다움을 버리고 생물적
특성만을 쫓으려 합니다. 인을 버린다면 인간이기를 버리는 것과 같
고, 인을 가꾸면 인간다운 인간이 되는 것입니다. 인의는 인간으로서
살 것인가, 짐승으로서 살 것인가의 기준이 됩니다.

삼대三代가 천하를 얻은 것은 인仁으로 얻었고, 천하를 잃은 것은 불인不仁

으로 잃었다. 나라의 폐흥존망도 또한 그렇다. 천자가 불인하면 사해를 보전하지 못하고, 제후가 불인하면 사직을 보전하고 못하고, 경대부가 불인하면 종묘를 보전하지 못하고, 사서인土庶人이 불인하면 사체四體를 보전하지 못한다.

지금은 죽고 망하는 것을 싫어하면서도 불인하기를 좋아하니, 이것은 취하는 것을 싫어하면서도 억지로 술을 먹는 것과 같다.

〈이루 상〉 3

인은 사람다움의 기준입니다. 일반 사람이 인을 행하지 않는다면 자신의 몸을 지키지 못합니다. 그런데 지위가 있는 사람이 인을 행하지 않는다면 그 사람이 담당한 지위만큼 모두 망합니다. 그리고 천자가 인을 행하지 못하면 온 세상이 망하는 것입니다. 여기서 망한다는 의미는 생물학적 삶이 끝난다는 의미가 아니라 인간적 삶을 포기한다는 것을 뜻합니다.

이렇게 인은 개인뿐만 아니라 온 세상을 문명으로 만드는 기준입니다. 그렇지만 사람들은 인을 행하려 하기보다는 불인을 행하려 하는 경향이 있습니다.

인이 불인을 이기는 것은 물이 불을 이기는 것과 같다. 그런데 지금 인을 행하는 자는 한 잔의 물로 수레 가득 실린 섶의 불을 끄는 것과 같이 한다. 그래서 꺼지지 않으면 물이 불을 이기지 못한다고 말하니, 이것은 불

인을 크게 돕는 것이다. 그러면 또 반드시 망할 것이다.

<고자 상> 18

인이 불인을 이기는 것은 자연의 이치입니다. 그러나 그 자연의 이치를 실현하는 것은 인을 부여받은 사람의 노력입니다. 인은 저절로 이루어지는 것이 아니라 노력을 통해서만 실현할 수 있습니다. 조금 노력하다가 그만두는 것은, 사람은 인을 행할 수 없다는 것을 인정해 버리는 결과를 가져옵니다. 따라서 노력하다 그만두거나, 노력을 게을리 하는 것은 노력하지 않는 것과 마찬가지로 나쁜 것입니다.

인仁은 사람의 마음이고 의義는 사람의 길이다.

사람의 길을 버리고 따르지 않고, 그 마음을 놓아 버리고도 찾을 줄 모르니 슬프도다.

개나 닭을 잃어버리면 찾을 줄 알면서 마음을 잃어버리면 찾을 줄을 모르니, 학문의 길은 다른 것이 아니다. 그 잃어버린 마음을 찾는 것일 뿐이다.

仁, 人心也. 義, 人路也. 舍其路而弗由, 放其心而不知求, 哀哉. 人有鷄犬
인 인심야 의 인로야 사기로이불유 방기심이부지구 애재 인유계견
放, 則知求之, 有放心, 而不知求. 學問之道無他, 求其放心而已矣.
방 즉지구지 유방심 이부지구 학문지도무타 구기방심이이의

<고자 상> 11

인은 덕인데 그 덕은 마음속에 있습니다. 의도 덕인데 그 덕은 행동

을 옳게 하는 것에 있습니다. 그래서 인은 사람의 마음이고, 의는 사람이 가야 할 길이라고 한 것입니다. 인과 의는 사람이 사람인 까닭이며, 사람이라면 행해야 할 지침입니다. 사람다움이 바로 인과 의에 있는 것이지요.

그런데 많은 사람들이 개와 닭은 찾으면서 마음은 찾지 않습니다. 개와 닭은 먹고사는 데 필요하기는 하지만 먹고사는 것에 그칠 뿐입니다. 마음은 우리를 먹여 주지는 않지만 인간다움의 근거입니다. 마음이 없는데 개와 닭을 먹는다면 짐승과 다를 바가 없습니다. 인간이 기를 원하며 인간으로서의 가치와 품위를 지키는 것은, 개와 닭을 찾는 데에 있는 것이 아니라 잃어버린 마음을 찾는 데에 있습니다.

자신이 바르면 천하가 돌아온다

결국 인간다움은 내 마음에 있습니다. 다른 곳에서 인간다움과 인간의 가치를 찾을 것이 아니라 바로 나 자신에게서 찾아야 합니다.

스스로를 해치는 자와는 함께 말할 수 없고 자신을 버리는 자와는 함께 일할 수 없다. 말할 때 예의를 비난하는 것을 자포自暴라고 하고, 나는 인에 머물고 의를 따를 수 없다고 여기는 것을 자기自棄라고 한다.

인은 사람이 거처하는 편안한 집이고 의는 사람이 가야 하는 바른 길이다.

편안한 집을 비워 두고 거처하지 않고, 바른 길을 버리고 가지 않고 있으니 슬프다!

自暴者, 不可與有言也. 自棄者, 不可與有爲也. 言非禮義, 謂之自暴也.
자포자 불가여유언야 자기자 불가여유위야 언비예의 위지자포야
吾身不能居仁由義, 謂之自棄也. 仁, 人之安宅也. 義, 人之正路也. 曠安
오신불능거인유의 위지자기야 인 인지안택야 의 인지정로야 광안
宅而弗居, 舍正路而不由, 哀哉.
택이불거 사정로이불유 애재

〈이루 상〉 10

예의는 아름다운 것인데 그것을 비방하여 말하면, 그 사람의 말은 믿지 못할 것입니다. 또 인의가 아름다운 것임을 알기는 하지만 게으름에 빠져서 자신을 행할 수 없다고 한다면, 그런 사람과는 어떤 일도 함께 할 수 없을 것입니다. 인의는 자신에게 있는데 그 인의를 찾지 못하는 것이 바로 자포자기입니다.

인의는 자신에게 있습니다. 따라서 인의가 실행되지 못하는 근본적인 이유는 자기 자신에게 있지 다른 것에 있지 않습니다.

사람을 사랑했는데도 그 사람과 친해지지 않는다면 자신의 인仁을 돌이켜 보고, 다스려도 다스려지지 않으면 자신의 지智를 돌이켜 보고, 예禮로써 대했는데도 응답이 없으면 자신의 경敬을 돌아보라.

행하고도 얻음이 없다면 그 원인은 모두 자신에게서 돌이켜 찾아야 하니 자신이 바르다면 천하가 모두 돌아올 것이다.

〈이루 상〉 4

내가 원하는 대로 인간관계가 이루어지지 않는다면, 곧 친하고자 했는데 상대방이 친하게 다가오지 않고, 질서를 잡고자 했는데 잡히지 않고, 대화하고 싶었는데 대답이 없다면 그것은 모두 자기 자신에게 있는 인의예지를 지극하게 발휘하지 못해서입니다.

내게 인의예지가 있는 것이지 밖에 있는 것이 아닙니다. 따라서 남이 나를 사랑하지 않는다면 그 원인은 내가 그를 사랑하지 않아서입니다. 내가 지혜롭지 못했기 때문에 다스려지지 않는 것이고, 내가 예를 지키지 못해서 응답이 없는 것입니다.

인간관계의 출발은 자신에게 있습니다. 자신이 한 대로 상대방도 자신을 대하기 마련입니다. 그래서 복이나 재앙의 근원 또한 바로 자신에게 있는 것입니다.

사람은 반드시 스스로를 업신여긴 후에 남이 그를 업신여기며, 집안도 반드시 스스로 비방한 후에 사람들이 그 집을 비방하며, 나라도 반드시 스스로 공격한 후에 다른 나라가 그 나라를 공격한다. 〈태갑〉에 '하늘의 재앙은 피할 수 있으나, 스스로 만든 재앙은 피해서 살 수 없다.'라고 하였으니 이것을 말한 것이다.

〈이루 상〉 8

자포자기한 사람은 남 또한 그를 자포자기한 사람으로 여깁니다. 자포자기해서 생긴 재앙은 스스로 만든 재앙입니다. 남이 만든 재앙은 피할 수 있지만, 자신이 만든 재앙은 피할 수 없습니다. 재앙의 출발이 자신이기 때문입니다. 재앙 가운데서도 가장 큰 재앙은 자신의 마음을 버리는 것입니다.

마음을 기르는 데 욕심을 적게 하는 것보다 좋은 것이 없다. 그 사람됨이 욕심이 적으면 비록 보존되지 못함이 있더라도 보존되지 못하는 것이 적을 것이고, 그 사람됨이 욕심이 많으면 보존되더라도 보존되는 것이 적을 것이다.

〈진심 하〉 35

마음을 잃지 않아야 하고, 길러야 합니다. 그런데 마음을 기르는 것은 욕심을 적게 하는 데 있습니다. 여기에서 마음은 바로 인의예지의 도덕적 마음이기 때문입니다. 욕심은 이목구비의 욕망과 신체의 욕망으로부터 생깁니다. 이목구비와 신체의 감각적 욕망이 없다면 사람이라고 할 수 없을 것입니다. 그러나 그런 욕망대로만 산다면 또한 사람이라고 할 수 없습니다. 그래서 욕망은 적절하게 조절되어야 할 대상입니다. 그리고 조절되어야 할 욕망이 적으면 적을수록 도덕적 마음이 커집니다. 그러나 욕망을 줄이라는 것이 일을 하다가 말라는 것은 결코 아닙니다.

무엇인가를 한다는 것은 우물을 파는 것에 비유할 수 있다. 우물을 아홉 길이나 팠으나 샘에 이르지 못했다면 우물을 포기한 것과 같다.

有爲者辟若掘井, 掘井九軔而不及泉, 猶爲棄井也.
유 위 자 비 약 굴 정   굴 정 구 인 이 불 급 천   유 위 기 정 야

〈진심 상〉 29

하다가 만 것은 안 한 것과 같습니다. 선행을 하려다 만 것은 선행
을 하지 않은 것과 같습니다. 인간다운 인간의 길은 내 안의 인의예지
를 실천하는 것이어서 아주 가깝고 쉬운 듯하지만, 욕망이라는 장애
에 부딪치기 마련입니다. 이왕 인간다운 인간이 되려고 했다면 요임
금과 순임금처럼, 그도 아니라면 맹자만큼은 해야 하지 않을까요?

조교 : 사람은 모두 요순이 될 수 있다고 하셨다던데 사실인가요?

맹자 : 그렇소.

조교 : 문왕은 10척이고, 탕왕은 9척이라고 들었는데, 지금 저는 9척 4촌
이지만 밥만 축내고 있으니 어떻게 하면 되겠습니까?

맹자 : 그것이 무슨 상관이겠소. 노력할 뿐이오. 여기에 한 사람이 있는
데 그의 힘이 새끼 오리 한 마리를 당할 수 없다면 힘이 없는 사람이 될
것이고, 백 균을 들 수 있다면 힘이 있는 사람일 것이며, 오확이 들던 것
을 들면 이 또한 오확이 될 것이오. 사람이 어찌 감당하지 못할 것을 미
리 걱정하는 것이오. 할 수 있는데도 하지 않을 뿐인 것이오.

천천히 걸어서 어른보다 뒤에 가면 공경한다고 하고, 빨리 걸어서 어른
보다 앞서 가는 것을 공경치 못하다고 하는 것이니, 어찌 천천히 걷는 것

을 못하는 것이겠소. 하지 않는 것일 뿐이니 요순의 도는 효와 제일 뿐이오.

그대가 요의 옷을 입으며 요의 말씀을 외우며 요의 행실을 행하면, 그것이 요일 뿐이오. 그대가 걸의 옷을 입으며 걸의 말을 외우며 걸의 행실을 실행하면, 그것은 걸일 뿐이오.

〈고자 하〉 2

인간다운 인간이 되는 길은 멀리 있는 듯하지만 결국 내게 있습니다. 억지로 만들어야 하는 것이 아니라 내게 주어져 있는 사랑의 감정을 솔직하게 드러내고 표현하는 데에 있습니다. 부모를 사랑하고 공경하며 형제를 사랑하고 아끼는 것이 바로 인간의 가치이면서 문명인 것입니다.

도는 바로 가까운 곳에 있는데 먼 곳에서 찾으려 하고, 일이 쉬운 데 있는데도 어려운 데서 찾으려 하나니, 사람마다 자신의 어버이를 친하게 대하고 어른을 어른으로 섬기면, 천하가 태평해질 것이다.

道在爾而求諸遠, 事在易而求之難. 人人親其親長其長而天下平.
도 재 이 이 구 저 원   사 재 이 이 구 지 난   인 인 친 기 친 장 기 장 이 천 하 평

〈이루 상〉 11

그렇다면 여러분은 문명인인가요? 더불어, 지금 우리 사회는 태평한가요?

04
거부할 수 없는 사랑,
효

유학만큼 효를 강조하고 중시하는 사상은 없는 듯합니다. 유학에서 효는 모든 바른 행위의 뿌리이자 궁극적 판단 기준입니다. 효를 벗어나는 행위는 추호도 용납되지 않습니다. 나아가 효는 인간이 인간다울 수 있는 조건이기도 합니다. 새가 날고 말이 달리는 것이 자신의 본분을 발휘하는 것이라면, 사람의 본분은 효를 행하는 데에 있습니다. 따라서 불효는 인간이기를 포기한 행위이기에 용서받을 수 없는 것입니다.

유학에서는 효를 행해야만 하는 근거를 크게 두 가지에서 찾고 있습니다. 첫째는 효가 하늘로부터 부여받은 성품(천성天性)이라는 것이고, 둘째는 효가 모든 덕의 근본이라는 것입니다.

효를 천성으로 본다는 것은 인간의 조건과 관계가 있습니다. 인간의 조건은 주어지는 것이기 때문에 '인간은 무엇무엇을 해야 한다'라는 형식이 될 수밖에 없습니다. 곧 '인간은 효를 행해야 한다. 효를 행하지 않으면 인간이 아니다.'라는 말이 되는 것이죠. 이와 관련하여 몇 가지 예를 보겠습니다.

효는 덕의 뿌리다. 모든 가르침이 나오는 곳이다.

부자, 형제, 부부는 모두 천리天理가 그렇게 한 것이다. (그렇기에) 사랑하고 공경해야 한다는 것을 모를 수 없다.

순서대로 《효경》, 주희의 말입니다. 효가 모든 덕의 근본이라는 것은 모든 덕행의 시작이 효라는 것, 모든 행동의 궁극적 판단 기준이 효라는 것, 나아가 모든 덕목 가운데 가장 중요하고 무거운 덕목이라는 뜻을 함께 담고 있습니다. 《논어》에서는 '부모에 대한 효와 형제간의 사랑(제悌)은 인의 뿌리가 되는구나!'라고 했습니다. 공자의 제자 증자는 '덕행은 모두 효로부터 나오는 것'이라고 했습니다. 증자는 또 다음과 같이 말했습니다.

나의 몸은 부모로부터 물려받은 몸이다. 부모가 준 몸을 움직이는 것인데 감히 공경스럽게 하지 않겠는가. 거처하는 데 장중하지 않는 것은 효가 아니다. 임금에게 충성하지 않는 것은 효가 아니다. 관리가 되어 백성을 공경하지 않는 것은 효가 아니다. 벗을 믿음으로 사귀지 않는 것은 효가 아니다. 전장에 임하여 용감하지 않은 것도 효가 아니다.

나의 몸은 부모로부터 물려받은 것이기에 무슨 일을 하든 어디에 있든 내 몸을 움직일 때 효에 기초해야 한다는 것입니다.

하늘은 부모를 통해 나를 낳게 하고

효를 천성으로 보는 논리적 기초는 부모를 하늘과 같은 존재로 여기는 것에 있습니다. 천지가 만물을 낳고 기르는 것과 같이 부모는 나를 낳고 기르기 때문입니다. 부모와 하늘은 '낳고 살리는 덕(生生之德)'을 지니고 있습니다. 부모를 하늘로 여기는 사상은 제례(祭禮)라는 의식으로 표출되며, 제례는 '부모는 하늘과 같다.'라는 생각을 생활 속에서 인지시키는 역할을 합니다.

순자는 말했습니다.

예에는 세 가지 뿌리가 있다. 천지는 생명의 뿌리이고, 조상은 인류의 뿌리이고, 임금과 스승은 다스림의 뿌리이다. 천지가 없으면 어떻게 살아갈 것이며, 조상이 없다면 어떻게 나왔으며, 임금과 스승이 없다면 어떻게 다스려지겠는가. 세 가지가 한쪽으로 치우치거나 혹은 없어져서 편안한 삶을 살 수 있는 사람은 없다. 따라서 위로는 하늘을 섬기고 아래로는 땅을 섬기며, 조상을 받들고, 임금과 스승을 융숭하게 대접하는 것이 예의 세 가지 뿌리이다.

순자의 말에 의하면 효의 관념은 하늘에 대한 존경으로부터 나옵니다. 그리고 하늘을 공경하기 위해서는 먼저 부모에게 효도할 것이 요구됩니다. 역으로 보면 부모에게 효도하는 것이 하늘을 공경하는 것이 됩니다. 사람이 자신의 뿌리를 되돌아보아 공경하는 것이 제천祭天이고, 마찬가지로 자신의 뿌리를 되돌아보아 공경하는 것이 부모에게 효도하는 것입니다. 하늘은 부모를 통해 사람을 낳게 하는 것이고, 사람은 부모를 통해 하늘이라는 근본을 되새기는 것입니다. 그래서 유학적 입장에서 보면 하늘과 사람의 관계는 부모와 자식의 관계와 같다고 할 수 있습니다.

마음으로 봉양하라

효에는 세 가지가 있다. 가장 큰 효는 어버이를 존중하는 것이고, 그 다음은 어버이를 욕먹지 않게 하는 것이고, 그 아래는 어버이를 (물질적으로) 봉양하는 것이다.

증자의 말입니다. 어버이를 봉양하는 것은 자녀가 부모에게 해야 하는, 하늘이 내린 의무입니다. 따라서 빈부를 막론하고 모든 자식은 성심을 다해 그 의무를 실행해야 합니다. 만일 이러저런 이유로 어버이를 봉양하지 않고 방치한다면 사회적으로 불효자로 낙인찍히게 됨은 물론 법률의 처벌을 받기도 합니다. 하지만 더 중요한 이유는, 불효는 인간이기를 포기하는 것이기 때문입니다.

어버이에게 효도하는 두 번째는 어버이를 욕되게 하지 않는 것입니다. 우리의 몸은 부모로부터 물려받은 것이기 때문에 귀중하게 여겨야 합니다. 자신이 잘못을 하여 나쁜 말을 들으면 그것은 자신만을 향한 책망이 아니라 부모와 조상에게까지 미칩니다. 어버이를 욕되게 하지 않으려면 먼저 일상생활에서 자신의 몸을 소중하게 다루는 것에서부터 시작해야 합니다. 자기의 몸을 소홀히 하여 다치거나 병에 걸리면 조상의 몸을 욕보이는 것입니다.

세 번째는 어버이를 존중하는 것(존친尊親)으로서 효도 가운데 가장 중요한 것입니다. 존친은 자신의 부모만을 존경하는 것이 아니라 자신의 부모가 다른 사람으로부터도 존경을 받게 하는 것입니다. 이와 관련해 맹자는 사람들은 세 가지 가치를 존숭한다고 합니다.

천하에 세 가지 존중받는 것이 있다. 벼슬, 나이, 덕德이다. 조정에서는 벼슬만 한 것이 없고, 마을에서는 나이만 한 것이 없고, 세상을 채우고 백성을 기르는 데는 덕만 한 것이 없다.

벼슬, 나이, 덕은 모두 효와 관련이 있습니다. 나이는 자녀들이 부모를 잘 봉양해서 부모가 천수를 누리게 하는 것을 말하고, 덕은 자기의 덕을 닦는 것뿐만 아니라 자신이 덕을 쌓아 부모가 욕먹지 않도록 하는 것이며, 벼슬은 자녀가 후세에 이름을 떨치면 자연히 부모도 이름을 떨친다는 것입니다.

05
몸을 기르고
마음을 닦아라 ─ 수양론

맹자는 모든 사람이 도덕을 갖추고 사회 전체의 평화와 복지가 실현되는 세상을 꿈꾸었습니다. 하지만 그 꿈을 실현하는 관건은 지도자로서의 선비, 정치의 주체이며 책임자로서의 군주, 목에 칼이 들어와도 눈 하나 깜짝하지 않는 대인 등 특별한 사람에 있다고 보았습니다. 맹자 자신이 지식인 계층이었기 때문이기도 하겠지만, 혼란한 시대를 바로잡는 데는 일반 백성들의 심성과 태도보다 정책 결정권자나 정책 입안자의 심성과 자세가 더 효과적일 수 있다고 생각했기 때문일 것입니다. 그렇다고 하여 맹자가 일반 백성들의 심성과 태도를 무시한 것은 아닙니다.

우리는 앞에서 성선, 대인, 왕도정치 등 다소 큰 주제를 다루었습니다. 맹자라는 인물의 도량이 천하를 품고도 남을 만하기 때문에 그가 말하는 주제가 크다고 여겨집니다. 하지만 대인도 사람이고, 대인의

심성이나 나의 심성은 다르지 않습니다. 즉 대인은 사람으로서의 자격과 역할을 갖춘 후에야 가능하겠죠. 《맹자》에서 거대 담론을 빼버리고, 현실을 살아가는 사람으로서 그저 인간다운 인간이 되기 위한 구체적인 지침을 찾아보도록 합시다. 맹자가 하고자 하는 말이 시대를 넘어서 여전히 유효한 것은, 《맹자》의 가치가 거대 담론에 있기보다는 인간다운 인간이 되는 구체적이고 현실적인 지침에 있기 때문인지도 모릅니다.

맹자의 성선설은 '인간은 모두 착하게 태어난다.'라는 의미보다, '인간은 착하게 태어나지만, 욕망이나 환경 때문에 악한 일을 하기도 한다. 따라서 자신의 착한 본성을 채우고 넓히기 위해 노력해야 한다.'라는 데 의미가 있습니다. 여기서 '노력'에 해당하는 부분을 수양이라고 합니다. 수양의 말뜻은 '닦고 기르다.'입니다. 무엇을 닦고 기르느냐는 주장하는 바에 따라 다를 것입니다. 우리는 수양이라고 할 때 그 대상을 주로 마음에 한정시키지만, 맹자에게 닦고 기르는 대상은 마음과 몸, 그리고 물질(생산, 경제)까지를 포함합니다. 그중에서 마음이 가장 중요한 것이 사실입니다. 하지만 몸과 물질 또한 사람다운 사람이 되는 중요한 요소입니다. 몸과 물질, 그리고 마음을 어떻게 닦고 기르느냐를 따지는 문제는 매우 복잡합니다. 그런데 '닦고 기름'은 이론이나 지식보다 실천의 문제입니다. 실천은 마음이 몸을 통해 구체적 행동으로 나타나는 것입니다. 행동은 죽은 마음과 기운 빠진 몸으로는 불가능합니다. 살아 있는 마음과 건강한 몸이 옳은 생각을 행동으로 옮길 수 있습니다. 어떻게 마음을 살아있게 하고, 몸을 건강하게 할 것인가가 수양인 셈입니다.

먼저 경제적 여건을 갖춰라

먹을 것이 있습니다. 그리고 열흘을 굶은 사람과 세 끼를 꼬박 챙겨 먹은 사람이 있다고 합시다. 열흘을 굶은 사람은 다른 사람을 고려하기 전에 자신부터 먹으려 할 것이고, 세 끼를 꼬박 챙겨 먹은 사람은 굶은 사람에게 양보할 것입니다. 이 경우 굶은 사람은 비도덕적이고 세 끼를 꼬박 챙겨 먹은 사람은 도덕적일까요? 이 질문에 어떻게 답하든지 틀린 말은 아닙니다. 아니라고 답한 사람은 열흘을 굶은 사람과 세 끼를 챙겨 먹은 사람의 입장이 바뀌면 도덕적인 사람과 그렇지 않은 사람도 바뀔 것이라고 본 것입니다. 그렇다고 답한 사람은 굶은 사람에게 양보한 것은 분명 도덕적인 행위라고 할 것입니다.

여기서 도덕을 실현할 수 있는 조건을 하나 발견할 수 있습니다. 경제적 여건이 불안정하면 도덕을 실현하기 힘들다는 것입니다. 이에 대해 맹자는 다음과 같이 이야기합니다.

백성들의 생업이 위로는 부모를 섬기기에 부족하고 아래로는 처자를 기르기에 부족하여, 풍년이 들 때는 몸이 다하도록 고생하고 흉년에는 죽음을 면하지 못한다. 죽음을 구제하기도 부족할까 두려운데 어느 겨를에 예의를 다스리겠는가.

〈양혜왕 상〉 7

풍년에는 자제들이 믿는 바가 있어 선행을 하고, 흉년에는 자제들이 포악함이 많다. 하늘이 내린 바탕이 달라서 그런 것이 아니다. 마음을 빠뜨림이 그렇게 만드는 것이다.

富歲, 子弟多賴, 凶歲, 子弟多暴, 非天之降才爾殊也, 其所以陷溺其心者
부세 자제다뢰 흉세 자제다폭 비천지강재이수야 기소이함익기심자
然也.
연야

〈고자 상〉 7

경제적 여건이 충분치 않으면 예의를 갖출 수 없고, 나아가 악행을 저지르기도 한다는 이야기입니다. 맹자는 백성들의 경제적 여건이 충분치 못한 까닭을 통치자에게 두고 있습니다. 국가의 정책이 잘못되면 실업률이 올라가고, 실업률이 올라가면 사회가 불안정해진다는 면에서 볼 때 맹자의 안목이 탁월하다고 하겠습니다.

그런데 그것을 수양의 측면에서 보면, 각자가 자신의 할 일을 가지려고 노력하고 그 일에 대해 최선을 다해 경제적으로 자립해야 하는 것으로 이해할 수 있습니다. 경제적으로 자립하지 못한 사람이 비도덕적인 사람은 아니지만, 도덕을 실현하기가 그만큼 어려워지는 것은 사실입니다. 효심이 경제력과 비례하는 것은 아니지만, 경제력이 있으면 효심을 실천하기가 더 쉬운 것과 같습니다.

기운을 기르고 욕망을 조절하라

도덕은 실천입니다. 실천은 건강한 몸을 전제로 합니다. 몸이 아프면 하고 싶은 일이 있어도 하기 어렵거나 할 수 없습니다. 그런데 육체로서의 몸은 체격도 있고, 체력도 있고 또 기운도 있습니다. 체격은 도덕과 관계가 없지만 체력은 도덕을 실현하는 것과 관계가 있습니다. 몸을 움직일 힘이 없으면 무거운 짐을 들고 가는 할머니를 도와줄 수 없으니까요. 따라서 체력을 키우는 것은 도덕을 실현하는 데 도움이 됩니다. 물론 체력과 도덕성이 비례하는 것은 아닙니다. 좋은 체력을 나쁜 일을 하는 데 쓸 수도 있기 때문이죠. 기운은 체력보다 도덕과 관계가 깊습니다. 기운은 일종의 에너지 혹은 기상입니다. 조선시대 말기의 최익현은 체구도 크지 않고 체력도 강하지 않은 한 선비였습니다. 그러나 일본의 침탈에 대해 죽음을 두려워하지 않고 상소를 올린 뒤 의병을 일으켰습니다. 최익현에게는 도덕적 기상이 꽉 차 있었던 것입니다.

현실을 살아가는 우리에게 몸은 도덕을 실현하는 수단이 됩니다. 체격도, 체력도 중요하지만 도덕과 연관된 것은 기상 혹은 기운입니다. 맹자는 그것을 호연지기라고 했습니다. 몸을 보전하고 키우는 것도 수양의 한 과정인 것입니다.

몸을 기르는 것이 도덕과 연관이 있다고 했습니다. 그렇다고 몸이 가진 감각적 욕망을 좇으라는 것이 아닙니다. 감각적 욕구가 몸을 통해 드러나는 것은 사실이지만, 몸과 감각적 욕구가 꼭 같지는 않습니다. 맹자는 욕망을 작은 몸, 혹은 이목耳目과 연관시켜 설명합니다.

몸에는 귀천과 대소가 있다. 작은 것으로써 큰 것을 해치지 말며, 천한 것으로써 귀한 것을 해치지 말아야 한다. 작은 것을 기르는 자는 소인이고 큰 것을 기르는 자는 대인이다.

〈고자 상〉 14

공도자 : 똑같이 다 사람인데 누구는 대인이 되며 누구는 소인이 되는 것은 어째서입니까?

맹자 : 대체大體를 따르면 대인이 되고 소체小體를 따르면 소인이 되는 것이다.

공도자 : 똑같이 다 사람인데 누구는 대체를 따르고 누구는 소체를 따르는 까닭은 무엇인가요?

맹자 : 눈과 귀 같은 기관은 생각하지 못하여 사물에 가리니, 그런 감각과 사물이 만나면 사물에 끌려갈 뿐이다. 마음의 능력은 생각이다. 생각하면 얻고 생각하지 않으면 얻지 못한다. 이것은 하늘이 우리 인간에게 부여해 준 것이다. 먼저 그 큰 것(마음의 뜻)을 세우면 작은 것(감각)이 능히 빼앗지 못한다. 이것이 대인이 되는 이유일 뿐이다.

〈고자 상〉 15

대인은 큰 몸을 기르는 사람이고, 소인은 작은 몸을 기르는 사람입니다. 작은 몸이란 육체에 기반을 둔 감각적 욕망입니다. 감각적 욕망이 없다면 인간이 아닙니다. 그러나 감각적 욕망은 인간만의 특성이 아니라 동물적 본능이라고 하는 편이 옳습니다. 동물적 본능은 생물적 삶을 위해 필수적입니다. 감각적 욕망에만 머문다면 동물적 삶을 살 뿐입니다. 감각적 욕망도 충족시켜야 하지만 거기에만 머물지 않는 것이 수양입니다. 감각적 욕망을 조절할 수 있을 때 인간적 삶이 가능합니다. 먹고자 하여 남의 것을 빼앗아 먹지 않으며, 어여쁘게 보인다고 해서 아무 여인이나 만지지 않는 것이 욕망의 조절입니다.

작은 몸이 육체적 욕망이라면, 큰 몸은 마음입니다. 맹자에게 마음은 여러 가지 의미를 동시에 담고 있습니다. 사유 능력이 있는 기관을 뜻하기도 하고, 도덕의 근원이 되기도 합니다. 도덕의 근원으로서의 마음은 측은, 수오, 사양, 시비의 마음입니다. 큰 몸을 따르라고 할 때의 마음이지요. 큰 몸으로서의 마음은 누구나 갖고 있습니다. 하지만 우리는 그 마음을 잘 잃어버립니다. 그래서 맹자는 다음과 같이 말합니다.

군자가 일반인과 다른 것은 마음을 두는 것에 있다. 군자는 인에 마음을 두고, 예에 마음을 둔다. 인한 사람은 남을 사랑하고, 예가 있는 사람은 남을 공경한다.

〈이루 하〉 28

인은 사람의 마음이고, 의는 사람의 길이다. 사람의 길을 버리고 따르지 않고, 그 마음을 잃어버리고 찾을 줄을 모르니 슬프도다. 개나 닭을 잃어버리면 찾을 줄 알면서 마음을 잃어버리면 찾을 줄을 모르니, 학문의 길은 다른 것이 아니다. 그 잃어버린 마음을 찾는 것일 뿐이다.

〈고자 상〉 11

마음을 돈에 두었을 때는 돈 버는 궁리와 행동을 할 것입니다. 마음을 연인에게 두면 온통 연인을 그리는 생각뿐일 것입니다. 마음은 가지 못하는 곳이 없고, 품지 못하는 것이 없습니다. 그런데 인간적인 마음은 물질을 획득하고 부를 증진시키는 것보다는 인과 의에 있습니다. 인의의 마음이 가장 인간다운 마음입니다. 재물을 잃었을 때 그것을 찾으려 백방으로 뛰어다니고, 연인을 잃었을 때 가슴이 찢어지는 고통을 느끼면서도, 가장 인간다운 마음을 잃고서도 찾을 줄을 모릅니다. 그 잃어버린 마음을 찾는 것이 수양입니다.

말은 자신의 얼굴이다

묵언 수행을 하지 않는 이상 하루도 말을 하지 않고는 살기 힘듭니다. 말은 음성일 뿐만 아니라 내용을 담고 있습니다. 내용뿐만 아니라 말하는 사람의 지적 수준과 인격도 담겨 있습니다. 그래서 말을 들으면 그 사람이 어떤 사람인지 알 수 있습니다. 그래서 맹자는 말을 조심

하고 가려서 해야 할 것을 거듭 강조합니다. 맹자의 이야기를 들어봅시다.

선비가 말해서는 안 될 때 말하는 것은 말로써 재물을 핥아먹는 것이요, 말해야 할 때 말하지 않는다면 말하지 않는 것으로 재물을 핥아먹는 것이다. 이것은 모두 담을 뚫고 넘어가 도둑질하는 것과 같은 부류이다.

士未可以言而言, 是以言餂之也, 可以言而不言, 是以不言餂之也, 是皆穿
사 미 가 이 언 이 언   시 이 언 첨 지 야   가 이 언 이 불 언   시 이 불 언 첨 지 야   시 개 천
踰之類也.
유 지 류 야

〈진심 하〉 31

말은 의미와 의사를 전달하는 수단이지 재물을 거두어들이는 수단이 되어서는 안 됩니다. 그리스의 소피스트와 소크라테스의 결정적 차이점이 여기에 있습니다. 소피스트들은 변론술을 부를 쌓는 수단으로 삼았고, 소크라테스는 진리를 탐구하는 방편으로 삼았습니다. 전국시대의 선비들은 지식인 계층입니다. 그들은 농사나 공업이 아니라 지식을 생업 수단으로 삼는 사람입니다. 하지만 지식은 도덕을 실현하는 수단이 되어야지 재물이 증진하는 수단이 되어서는 안 된다는 것이 맹자의 주장입니다.

말하지 말아야 할 것 가운데 하나가 남을 험담하는 것입니다. "남의 불선을 말하다가 후환을 어찌하려는가." 라고 맹자는 말합니다. 또 옳지 못한 생각으로 말을 하면 그것이 감추어지지 않고 겉으로 드러

나기 마련입니다. 맹자는 자로의 말을 인용하여 "뜻이 같지 않은데 억지로 영합하여 말하는 사람의 얼굴빛을 보면 부끄러워 붉어지기 마련이다."라고 합니다.

말은 모두 마음(사유)에서 나옵니다. 마음이 밝으면 그 말이 바를 것입니다. 만약 말에 결함이 있다면 그것은 모두 마음의 잘못입니다. 말에 병통이 있는지를 안다면 마음의 잘못을 알 수 있습니다.

> 편벽된 말에 그 가린 바를 알고, 방탕한 말에 빠져 있는 바를 알고, 간사한 말에 괴리된 바를 알고, 도피하는 말에 논리가 궁벽함을 알 수 있다.
>
> 〈공손추 상〉 2

무언가를 숨기려고 하는 사람은 한쪽만을 부각시켜 말합니다. 욕망에 빠져 있는 사람의 말은 음란하기 마련입니다. 아부하고자 하는 사람의 말은 옳고 바른 것에서 벗어나 있고, 변명하고 회피하려는 사람의 말은 앞뒤가 맞지 않습니다. 맹자의 말을 통해 보면 한쪽으로 치우치지 않고, 감정이 절제되어 있고, 사실을 드러내고자 하며, 논리적인 말이 좋은 말이라는 것을 알 수 있습니다. 거기에 어렵지 않으면서도 깊이가 있다면 더할 나위 없는 좋은 말이 될 것입니다.

자신을 돌아보라

착한 사람은 남을 사랑하는 사람입니다. 전 인류를 동포로 여기는 위대한 사랑도 있지만, 그 사랑의 출발점도 나의 부모형제를 사랑하는 것에서 시작합니다.

도가 가까운 곳에 있는데 먼 곳에서 구하며, 일이 쉬운 데 있는데 어려운 데에서 찾는다. 사람마다 자신의 어버이를 친히 하고 어른을 어른으로 섬기면, 천하가 태평해질 것이다.

〈이루 상〉 11

인의 실질은 어버이를 섬기는 것이고, 의의 실질은 형을 따르는 것이다.

〈이루 상〉 27

자신의 부모를 무시하면서 이웃 어른을 공경하는 사람은, 위선자이거나 본심을 숨긴 사람입니다. 부모와 형제에 대한 사랑은 무조건적입니다. 특히 부모에 대한 사랑은 본능에 가깝다고 할 수 있습니다. 부모를 사랑하는 것이 인이고, 어른을 공경하는 것이 의입니다. 인과 의가 먼 곳에 있지 않습니다. 나와 관계있는 사람을 사랑하는 것이 인의입니다.

송나라의 성리학자 주희는 학문을 '위인지학爲人之學'과 '위기지학爲

己之學'으로 나눕니다. 위인지학은 남의 이목을 좇는 공부이고, 위기지학은 자신에게서 도덕성의 근거를 찾아 실천하는 공부입니다. 도덕은 자신에게서 비롯되는 것이지 남에게 달린 것이 아닙니다. 도덕적이라는 것은 자신이 자신에게 떳떳하다는 것과 같습니다. 자신에게 도덕의 근거(곧 본성)가 있으므로, 언행이 그 근거와 일치하는가를 되돌아보는 것이 수양입니다. 여기서 '되돌아본다.'라는 중요한 수양법이 나옵니다.

어린아이들이 "창랑의 물이 맑으면 나의 갓끈을 빨 것이고, 창랑의 물이 흐리거든 나의 발을 씻으리."라고 노래한다. 공자가 그 노래를 듣고 말했다. "저 노래를 들어보라. 물이 맑으면 갓끈을 빨고 물이 흐리면 발을 씻는 것이니, 그것은 물이 스스로 취한 것이다." 사람은 반드시 스스로를 업신여긴 후에 남이 그를 업신여기며, 집안도 반드시 스스로 비방한 후에 남이 그 집안을 비방하며, 나라도 반드시 스스로 공격한 후에 다른 나라가 그를 공격한다. 〈태갑〉에 '하늘의 재앙은 피할 수 있으나, 스스로 지은 재앙은 피해서 살 수 없다.'라고 하였으니 이것을 말한 것이다.

〈이루 상〉 8

남이 나를 어떻게 평가하느냐는 남의 이목에 있는 것이 아니라 나자신의 문제입니다. 나의 모습이 남의 눈에 비치는 것이지, 남의 눈이 나를 보는 것이 아닙니다. 내가 맑으면 맑은 사람으로 보일 것이고, 내가 탁하면 탁한 사람으로 보일 것입니다. 내가 탁한 사람으로 보인다면, 남은 나를 탁한 사람으로 대할 것입니다. 나를 믿지 않을 것이며, 나를 무시할 것이며, 급기야 적대시할 것입니다. 그래서 '화와 복은 자신으로부터 오지 않는 것이 없다.'라고 하는 것입니다.

자신을 돌아보는 것은 활 쏘는 것에 비유되기도 합니다.

인이라는 것은 활 쏘는 것과 같다. 활을 쏘는 자는 자신을 바로잡은 후에야 발사한다. 발사해서 적중하지 않더라도 자신을 이긴 자를 원망하지 않고, 자신에게 돌이켜 찾을 뿐이다.

〈공손추 상〉 7

과녁에 맞추었느냐 아니냐는 나의 문제이지 상대의 문제가 아닙니다. 과녁에 맞지 않은 것은 내 마음과 몸이 흔들렸기 때문입니다. 그렇다면 남이 나를 도리에 맞지 않게 대할 때는 어떻게 해야 할까요? 그에 대해 맹자는 다음과 같이 이야기합니다.

여기 어떤 사람이 있는데 그가 나를 도리에 맞지 않게 대한다면 군자는 반드시 '내가 분명 인하지 않았고, 예가 없었나 보다. 일이 어찌 이렇게 되었을까.' 하고 스스로를 돌이켜 반성한다.
스스로 돌이켜 보아 인하였고 예가 있었는데도 도리에 맞지 않게 대하는 것이 마찬가지라면, 군자는 반드시 '내가 성실하지 못했나 보다.'라고 또 스스로를 돌이켜 반성한다.

자신을 스스로 돌이켜보아 성실했는데도 도리에 맞지 않게 대하는 것이 그대로라면, 군자는 '이 사람은 헛된 사람일뿐이로다!'라고 한다. 상대방에게 정성으로 인과 예로써 대했는데도 여전히 상대방이 도리에 맞지 않게 대한다면, 금수와 어떻게 구별하겠는가. 금수를 꾸짖어서 무엇하겠는가.

〈이루 하〉 28

정확한 나의 모습은 남의 눈에 비친 모습입니다. 남의 눈에 내가 어긋나 비친다면 나를 되돌아보아 무엇이 어긋났는지를 찾아야 합니다. 우리는 상대의 눈을 탓하기 일쑤입니다. 문제는 자신에게 있는데 말입니다. 그런데 내가 어긋나지 않고 바른데도 남이 나를 여전히 어긋나게 본다면, 문제는 내가 아니라 남에게 있는 것입니다. 선을 선으로 여기지 않는 사람은 선을 버린 사람입니다. 사람이 사람인 까닭은 선에 있는데, 그것을 버렸다면 이미 사람으로서의 자격을 잃은 것과 같습니다. 그런 사람과는 어떤 무엇도 함께할 수 없습니다. 함께해서도 안 됩니다.

수양에는 어떤 경지가 있습니다. 한 번 착한 일을 했다고 해서 착한 사람이라고 말할 수 없습니다. 그러나 한 번 착한 일을 한 사람은 착한 일을 할 능력이 있다는 것을 뜻하기도 합니다. 그 능력을 늘 발휘하는 것이 수양입니다. 그래서 수양은 '쌓음'입니다. '수양을 하다.'와 '수

양을 쌓다.'는 말은 같은 의미입니다. 선하고 옳은 일은 계속하고, 옳지 않은 일은 즉시 그만두어야 합니다.

의가 아님을 안다면 속히 그만두어야지 어찌 내년을 기다리겠는가.

〈등문공 하〉 8

어떤 일을 하는 자는 비유하면 우물을 파는 것과 같다. 우물을 아홉 길을 팠더라도 샘에 미치지 못하면 오히려 우물을 버리는 것과 같다.

〈진심 상〉 29

옳지 않은 것 보기를 벌레 보듯 하고, 옳은 일 하기를 밥 먹듯 하라는 말입니다. 그러나 중도에 그만둔다면 하지 않는 것과 크게 다르지 않습니다. 무언가를 한다는 것은 우물을 파는 것과 같다고 맹자는 말합니다. 샘을 만날 때까지 파야 우물이 됩니다. 샘에서 끊임없이 물이 솟듯 착하고 아름다운 마음에서 아름다운 행위가 나오도록 해야 합니다. 돈과 명예와 같은 것은 기쁨을 주지만, 자신이 인간다움을 확인할 때 더욱 큰 기쁨을 얻을 수 있습니다.

서로
사랑하고 있는가

이상적인 삶의 모습을 찾아

자신이 세상을 구할 수 있다는 생각이나 사회제도, 문명이 오히려 사회를 혼란스럽게 만든다. 따라서 자신의 털 한 오라기도 세상을 위해 쓰려고 해서는 안 된다. 세속의 부귀와 명예를 가볍게 여기고, 이웃과 세상일에 가타부타 관여하지 않는다. ─양주

사회가 혼란하고 다투는 이유는 자신과 자신의 가족을 남과 다른 가족보다 더 사랑하기 때문이다. 사람들이 가난에서 헤어 나오지 못하는 이유는 온갖 허례허식 때문이다. 따라서 사람을 차별 없이 사랑하고, 명분이나 체면을 따지면서 인사치레를 하지 않아야 한다. 열심히 노동해서 이익을 다른 사람과 함께 나누고, 약한 사람이 괴롭힘 당하는 것을 적극적으로 막아 주어야 한다. ─묵자

일하지 않고 남의 것을 빼앗아 먹기 때문에 사회에 갈등이 생긴다. 특히 지배 계층에 있는 사람들이 일하는 사람들의 것을 착취하는 것이 문제다. 일하는 사람뿐만 아니라 지도층에 있는 사람까지 모두 자급자족해야 한다. 삶의 기본은 농사이므로, 농민뿐 아니라 지도층에 있는 사람도 농사를 지어야 한다. ─ 허행

현실은 냉혹하다. 권세와 돈이 세상을 움직인다. 강한 것이 약한 것을 지배하는 것은 어쩔 수 없다. 살아남기 위해서라도 더 강해져야 한다. 인정이나 동정은 약한 자의 위안일 뿐이다. 집단이나 국가는 자기를 보전하기 위해서 다른 집단이나 국가보다 더 강해져야 한다. ─ 법가

세상은 힘의 균형이다. 약한 자가 살아남는 방법은 강한 자의 힘을 빌리거나, 또 다른 강한 자와 균형을 맞추는 것이다. 힘을 견제하고 균형을 잡게 하는 것이 삶의 방법이다. 때로는 강한 자에게 의탁하거나, 때로는 다른 강한 자를 이용해야 한다. ─ 공손연

《맹자》에 언급된 몇몇 사상가들의 삶의 방식을 상상해 본 것입니다.

양주와 같은 삶의 방식은 지배층의 허위와 독선을 비판하는 데 아주 유효할 것 같습니다. 자연 속에서 유유자적하게 사는 모습이 그려지기도 합니다. 하지만 이런 삶은 다른 이의 불행을 못 본 체 하며, 다른 이의 즐거움을 함께하지도 않을 것 같습니다. 세상을 떠나 산 속에

사는 고고한 인품일 것 같기는 하지만, 다른 사람과 공감하는 것은 힘들어 보입니다.

묵자와 같은 삶의 방식은 양주와 정반대입니다. 세상 모든 사람들의 슬픔과 즐거움을 자신의 것으로 여기고, 이로움을 나누기 위해 동분서주하는 삶입니다. 자신만큼, 아니 자신을 희생하면서까지 다른 사람을 살리는 아름다운 삶입니다. 이런 삶 역시 부와 권세를 독점하는 지배층을 비판하기에 유효할 것 같습니다. 그런데 자신의 아버지와 남의 아버지를 똑같이 사랑할 수 없고, 다른 아이의 배고픔보다 자기 자식의 배고픔이 더 절박한 것이 인지상정입니다.

허행의 삶은 직접 농사지으며 자급자족함으로써 다른 사람의 재화를 빼앗지 않는 고결한 삶입니다. 일하지 않는 자, 권세로 남의 것을 빼앗는 자에게 일침을 가할 수 있을 것 같습니다. 그런데 모든 사람이 농사를 짓는다면 농업 외의 산업이나 문화는 정지 상태가 될 것입니다. 대장장이가 만든 농기구가 있어야 농사를 지을 수 있으며, 석공이 만든 절구가 있어야 곡식을 빻아 먹을 수 있습니다. 타인에게 피해를 주지 않으려는 허행의 삶은, 고결하긴 하지만 인간의 문명을 초보적인 단계에 머물게 할 것 같습니다.

법가는 엄격한 사회질서와 기강이 그 사회를 부강하게 만든다고 여깁니다. 이런 사고방식은 개인에게도 강해지기를 요구할 것입니다. 공부를 더 잘하기 위해, 돈을 더 많이 벌기 위해, 힘을 더 기르기 위해 부지런히 힘써야 하겠지요. 그런데 강한 자가 약한 자를 지배하거나 핍박하는 것을 그대로 받아들인다면 모든 사람은 다른 사람에게 핍박받아야 합니다. 힘은 상대적인 것이기 때문이죠. 인간미도 인정도 없는 사회가 될 것입니다.

공손연의 삶은 힘의 균형을 유지하려는 것이 마치 아슬아슬한 외줄타기를 연상케 합니다. 강한 자와 약한 자가 공존하는 방법을 찾으려고 하는 것이 매우 가상하기는 합니다. 하지만 힘의 크기는 변합니다. 어제는 강하던 자가 오늘은 약해지고, 그 반대가 되기도 합니다. 힘의 균형을 추구한다는 것은, 그 바탕에 힘을 전제한다는 면에서 법가의 변형이라고 할 수 있습니다. 약자는 언제나 강자의 역학구도와 눈치 속에서 살아야 한다면, 인간다운 삶을 살기 힘들 것입니다.

일상 속에서 서로를 사랑하다

인간은 사회 속에서 여러 관계를 맺으면서 살고 있으며, 다른 이의 아픔과 슬픔을 함께 느낄 수 있다. 나는 부모로부터 왔기에 부모에 대한 사랑이 가장 근원적이고 깊다. 한 사람이 모든 문명의 이기를 만들어서 사용할 수 없다. 분업은 문명을 발전시킨다. 특히 정신노동과 육체노동의 분업은 중요하다. 사람이 모인 사회는 동물 집단과 다르다. 동물 집단은 힘의 논리에 의해서만 움직이지만, 사람의 사회는 의義에 의해서 움직여야 한다. 나의 부모와 형제를 사랑하고, 그 사랑을 온 세상으로 확장시켜야 한다. 먹고사는 문제를 해결하기 위해 노력해야 하지만, 다른 사람의 먹을 것을 빼앗으면 안 된다. 다른 사람의 아픔을 함께 아파해야 하고, 특히 지도자의 위치에 있는 사람은 먹을 것보다 정의를 우선해야 한다. 세속의 부귀와 영화에 연연하지 않으나 세상 속에서 부귀와 영화의 분배를 위해 노력해야 한다.

이상은 맹자의 삶의 방식을 상상해 본 것입니다. 이런 맹자의 입장에서 볼 때 양주는 고고하기는 하지만 이웃과 사회에 대해 무책임하며, 묵자는 아름답기는 하나 비현실적이며, 허행은 청빈하기는 하나 진보가 없으며, 법가는 부지런하기는 하나 인간미가 없으며, 공손연은 가상하기는 하나 지조가 없습니다. 맹자의 비판을 잘 짚어 보면 맹자가 살고자 하는 삶의 지향점이 보입니다.

이웃과 사회에 대해 책임을 지면서도 고고함을 잃지 않으며, 타인에 대한 사랑을 구체적으로 실현하며, 진보와 문명을 추구하면서도 청빈하며, 인정 넘치는 사회를 만들기 위해 부지런히 힘쓰며, 어떤 권위 앞에서도 지조를 굽히지 않는 것이 맹자의 지표였는지 모릅니다.

이 모든 말을 한마디로 줄인다면, '일상 속에서 서로 사랑하며 인간다움을 누리는 삶'이라고 할 수 있을 것입니다. 특별한 말이 아닌 듯하지만, 지금 우리 삶이 일상 속에서 서로 사랑하며 인간다움을 누리며 사는지는 생각해 볼 일입니다.

젊은 지성을 위한

맹자

초판 1쇄 | 2012년 5월 1일

원 저 | 맹자
지은이 | 황광욱
펴낸이 | 최용철
펴낸곳 | 두리미디어

주소 | 서울시 마포구 서교동 369-25
전화 | 02-338-7733
팩스 | 02-335-7849
등록 | 1989년 2월 10일 제10-1718호

ISBN 978-89-7715-269-4 03150